国家文物局水下文化遗产保护中心·考古报告系列 −2

南海 I 号沉船考古报告之一
——1989~2004 年调查
（上）

国家文物局水下文化遗产保护中心
中 国 国 家 博 物 馆
广 东 省 文 物 考 古 研 究 所　编著
阳 江 市 博 物 馆

文物出版社

图书在版编目（CIP）数据

南海I号沉船考古报告之一：1989~2004年调查 / 国家文物局
水下文化遗产保护中心等编著. -- 北京：文物出版社，2017.11
ISBN 978-7-5010-5327-8

I.①南… II.①国… III.①沉船—考古发掘—调查报告—
阳江—宋代 IV.①K875.3

中国版本图书馆CIP数据核字（2017）第261343号

南海I号沉船考古报告之一——1989~2004年调查

编 著：国家文物局水下文化遗产保护中心
中国国家博物馆
广东省文物考古研究所
阳江市博物馆

版式设计：秦 彧
责任编辑：秦 彧
责任印制：梁秋卉

出版发行：文物出版社
社 址：北京市东直门内北小街2号楼
邮 编：100007
网 址：http://www.wenwu.com
邮 箱：web@wenwu.com
经 销：新华书店
印 刷：北京荣宝燕泰印务有限公司
开 本：889mm×1194mm 1/16
印 张：42.75
版 次：2017年11月第1版
印 次：2017年11月第1次印刷
书 号：ISBN 978-7-5010-5327-8
定 价：900.00元（全二册）

Archaeological Report on Nanhai I Shipwreck

Series I: Surveys of 1989-2004

(I)

by

National Center of Underwater Cultural Heritage

National Museum of China

Guangdong Provincial Institute of Cultural Relics and Archaeology

Yangjiang Museum

Cultural Relics Press

内容摘要

南海 I 号沉船发现于 1987 年，位于中国广东省江门川山群岛海域，所在海域水深约 24 米，海底为淤泥底质，水下能见度较差。

1989 年 11 月，中日联合南海沉船水下考古调查队对该遗址进行了首次水下调查，大致确定了沉船位置，而且在中国水下考古工作中第一次成功应用物探技术与潜水探摸相结合的方法搜寻沉船遗址。

2001~2004 年，经国家文物局批准，由中国历史博物馆牵头，联合广东省文物考古研究所、阳江市博物馆组成南海 I 号沉船水下考古队，连续四个年度先后进行了 7 次水下考古调查，确定了沉船遗址的精确位置、分布范围及沉船性质与年代，采集出水了一大批文物标本；基本掌握了沉船长、宽、高和保存状况，并获取了所在海域海况、海底环境、水文特征等信息和数据，为下一步工作奠定了科学的基础。

经过 1989 年和 2001~2004 年水下考古调查和勘探可知，南海 I 号沉船埋藏较深，最深处位于海床下约 5 米。沉船船体长约 23.8、宽约 9.6 米，型深约 3 米，船体方向 240°。根据历年调查情况分析，船体未见倾覆，基本平卧于海底上，处于正沉状态。从整体来看，南海 I 号沉船的木质船体结构已经受到比较严重的破坏及腐蚀，上部的甲板部分已不复存在，部分甲板以及甲板以下的隔舱、船体支撑结构等保存较好，而船的艏、艉部分破坏最为严重。船底部因深埋于淤泥中，其保存状况应比较好。

出水遗物类别丰富，以瓷器为大宗，有江西景德镇窑青白瓷、浙江龙泉窑青瓷、福建德化窑青白瓷和白瓷、闽清义窑青白瓷和青瓷、磁灶窑酱黑釉瓷和绿釉瓷等。器类多为日常生活用器，有执壶、瓶、罐、碗、盏、盘、碟、盒等，部分瓷器底部还有墨书题记，如"郑知客"、"李大用"等。出水铜钱数量较多，大部分为调查抽泥的滤网内发现，数量多达 6000 多枚，以北宋时期的年号钱为主，如宋元通宝、至道元宝、皇宋通宝、熙宁重宝、元祐通宝、元符通宝、大观通宝、政和通宝等，另有少量货泉、五铢、开元通宝、乾元重宝、唐国通宝等汉唐五代十国钱币，南宋时期的有建炎通宝、绍兴通宝、绍兴元宝，最晚的为乾道元宝。此外，还出水有少量的金环、金戒指、银锭、铜环、锡器、漆器残片、朱砂等遗物，以及包含在凝结物内的铁锅等铁器，还有反映船上生活的砺石、动物骨骼、果核果壳等遗物。

经初步研究，南海 I 号沉船是一艘沉没于海上丝绸之路南海航线上的南宋时期贸易商船。因其保存较好、出水文物精美、类别丰富，而对研究海上丝绸之路的历史，乃至中国航海史、海外交通史具有无可替代的科学价值。

　　本报告是 1989 年至 2004 年间南海 I 号沉船水下考古调查的学术报告，是南海 I 号沉船打捞出水之前水下考古工作的系统总结。这是中国早期水下考古工作的一项重要成果，对了解中国水下考古的发展和研究南海 I 号沉船具有重要价值和学术意义。

Abstract

Nanhai I shipwreck was discovered in 1987, located in the waters close to Chuanshan Islands, Jiangmen, Guangdong Province, where the depth is about 24 meters. The bottom of sea is muddy and the visibility is poor.

In November 1989, the Sino-Japanese joint archaeological survey team of South China Sea shipwreck conducted the first underwater investigation of the site, and rediscovered the position of the shipwreck. It's the first time to be successfully applied in the underwater archaeological survey in China with methods of searching for a wreck site by acoustic systems and diving.

From 2001 to 2004, led by the Museum of Chinese History (the present National Museum of China), joined by Guangdong Provincial Institute of Cultural Relics and Archeology and Yangjiang Museum, an underwater archaeological joint team of Nanhai I shipwreck had carried out seven underwater archeological surveys in four consecutive years. These surveys resulted in the accurate location of the shipwreck, the distribution range and the character of the site as well as the date of the shipwreck. A large number of cultural relics were collected in these surveys. Archaeologists also made clear the length, width, height and the preservative condition of the shipwreck and additionally information concerning the state of relevant sea area, environment and hydrological features of the seafloor, providing a scientific basis for the further exploration and research.

The underwater archaeological surveys carried out in 1989, 2001-2004 show that Nanhai I shipwreck was deeply sunk, with a maximum depth about 5 meters under the seabed. The hull of the shipwreck is about 23.8 meters long, 9.6 meters wide and 3 meters deep and oriented toward a direction of 240 °.

Various types of relics were salvaged from the shipwreck, mostly porcelains, including the *Qingbai* wares from Jingdezhen Kiln in Jiangxi, celadon from Longquan Kiln in Zhejiang, *Qingbai* wares and white porcelains from Dehua Kiln, *Qingbai* and green glazed wares from Yi Kiln in Minqing, black and green glazed wares from Cizao Kiln and so forth in Fujian. Most of the porcelains are of daily use and among the commonly seen are handled ewers, bottles, jars, bowls, small bowls, plates, dishes and boxes. Some vessels bear ink inscriptions on the bottom such as *Zheng Zhike* 郑知客 , *Li Dayong* 李大用 and so on.

Up to over 6000 coins were found mostly in the filter net, which was used for pumping the mud from the shipwreck. Most coins have inscriptions of the Northern Song such as *Songyuan Tongbao* 宋元通宝 , *Zhidao Yuanbao* 至道元宝 , *Huangsong Tongbao* 皇宋通宝 , *Xining Zhongbao* 熙宁重

宝 , *Yuanyou Tongbao* 元祐通宝 , *Yuanfu Tongbao* 元符通宝 , *Daguan Tongbao* 大观通宝 , *Zhenghe Tongbao* 政和通宝 and so on. A small amount of the coins have inscriptions of Han, Tang or the Five Dynasties such as *Huo Quan* 货泉 , *Wu Zhu* 五铢 , *Kaiyuan Tongbao* 开元通宝 , *Qianyuan Zhongbao* 乾元重宝 and *Tangguo Tongbao* 唐国通宝 . Coins from the Southern Song were also found, for example, *Jianyan Tongbao* 建炎通宝 , *Shaoxing Tongbao* 绍兴通宝 , *Shaoxing Yuanbao* 绍兴元宝 and the latest coins, *Qiandao Yuanbao* 乾道元宝 . In addition, there are a small amount of gold bracelets and rings, silver ingots, copper rings, tin vessels, lacquer debris, cinnabar and other relics, as well as iron pots and other irons contained in the cargo coagulation, or animal bones, fruit shells and other remains reflecting the life on board.

A preliminary study has revealed that the Nanhai I shipwreck was a Southern Song merchant ship sank on the Maritime Silk Road of the South China Sea route.

In good condition and full of various fine objects, this shipwreck has an irreplaceable scientific value for the research of the history of Maritime Silk Road, Chinese navigation and overseas transportation.

This book is a report on the underwater surveys of Nanhai I shipwreck carried out from 1989 to 2004, which systematically summaries the underwater archaeological work conducted before the shipwreck was salvaged out of the water. This report not only represents an important achievement of the earlier underwater archeological work in China, but also is of important value and academic significance for recording the development of underwater archeology in China and the scholarship of Nanhai I shipwreck.

目　录

插图目录

彩版目录

第一章　前言

南海Ⅰ号沉船发现于1987年8月，1989年11月首次开展水下考古调查，至2001年重启调查，再历经多次大规模调查，直至2007年整体打捞出水。南海Ⅰ号沉船从其发现到调查再到打捞出水，可谓是中国水下考古发展史中的一段传奇，凝聚了诸多水下考古人的心血，见证了中国水下考古从无到有的发展历程。虽然，中国水下考古的发端并不是如一些宣传报导所说的那样源于南海Ⅰ号沉船的发现，但其对于水下考古学科发展的重要意义是毫无疑问的，更何况沉船本身所具有的多层次、多方面的重要价值。到目前为止，它仍然是中国开展水下考古工作以来所发现的保存最好、出水文物最精美、品种最丰富的沉船，在世界范围内也是迄今为止保存较为完好的唯一一艘公元12世纪时期的沉船。南海Ⅰ号沉船沉没于南海海上丝绸之路的航线之上，是一个信息十分丰富的文化载体，折射出古代中国在世界航海和海外贸易中曾拥有的辉煌与骄傲。南海Ⅰ号沉船的调查、发掘，对于研究海上丝绸之路的历史，乃至中国航海史、海外交通史具有无可替代的科学价值。南海Ⅰ号沉船的遗物品种丰富，数量庞大，其中尤以瓷器为突出，几乎囊括了南宋时期南方主要的外销瓷窑口和瓷器品种，有些遗物的器形甚至是传世品及以往陆地考古发掘中从未发现过的，具有重要的学术价值和极高的艺术价值。

"前人种树，后人乘凉"。当我们论及南海Ⅰ号沉船的价值和意义时，不能不深深地缅怀著名考古学家、中国水下考古的奠基者、南海Ⅰ号沉船的命名者——俞伟超先生。俞伟超先生在担任中国历史博物馆馆长期间，凭其对我国文物考古事业全面发展的高度责任心和学术上的高瞻远瞩，尤其是对前沿学科的高度敏锐，他主动承担了创建中国水下考古事业的国家任务，在中国历史博物馆设立了国内第一个水下考古专业机构——水下考古学研究室。这是俞伟超先生为提升中国考古学的水平，着力进行的开创性工作之一，直接推动了我国水下考古事业的创立和发展[1]。俞先生曾亲自担任第一任南海Ⅰ号沉船水下考古调查队的队长，主持了1989年11月中国历史博物馆与日本水中考古学研究所合作进行的南海Ⅰ号沉船第一次预备调查[2]。此次调查初步确定了沉船的概位，获得了沉船海域海况、气象等方面的第一手资料，明确了今后工作要解决的首要问题是如何克服海水透明度极差的困难。尽管日后因种种原因此项合作未能继续，但作为中国水下考古正式起步的标志，此次工作在中国水下考古发展史上占有重要的位置[3]。

2001年，南海Ⅰ号沉船水下考古调查工作重新启动，当年即取得了重要进展，获得沉船遗址的准确坐标位置并发现大量瓷器碎片。当我们把此喜讯向俞先生报告时，他已重病缠身，听了我们的汇报依然兴奋不已，谈话中除了对南海Ⅰ号沉船下一步的工作提出要求和期望外，令我们印

---

[1] 俞伟超：《十年来中国水下考古学的主要成果》，《福建文博》1997年第2期，第6~11页。
[2] 张威：《南海沉船的发现与预备调查》，《福建文博》1997年第2期，第28~31页。
[3] 张威：《中国水下考古的起点——中日联合广东南海沉船调查侧记》，《福建文博》1997年第2期，第17、18页。

象最为深刻的是他认为南海Ⅰ号好比是东方的玛丽·露丝号（Mary Rose）。直至俞先生在逝世前不久[1]，当闻知阳江即将建设水下考古博物馆时，他甚为欣慰，特亲书数言，将南海Ⅰ号沉船与沉没于 1545 年的英国战舰玛丽·露丝号沉船相提并论（彩版 1-1、1-2）：

商船战舰　东西辉映

十九世纪中叶开始，人类已从地下寻找自己的以往历史。

二十世纪四十年代法国海军在世界大战中发明水肺，人类又能从水下寻找自己的一部分历史，科学的水下考古学也发展起来了。

至今，英国在朴茨茅斯海港建设的玛丽·露丝沉船保存和展出场地，是耗资最巨大的水下考古博物馆，玛丽·露丝号沉船是一艘战舰，十六世纪时在英吉利海峡沉没。

我国于广东省台山县海域打捞出一艘南宋沉船，今在阳江市建设巨大的保存和陈列馆舍。台山南宋沉船的年代比玛丽·露丝号更早。两艘木船，一为商船，一为战舰，一在东亚，一在西欧，正好东西辉映，是水下考古发展起来后所有成果中极为明亮的两颗珍珠！

二〇〇三年十一月十日凌晨喜闻阳江建设水下考古博物馆深为欣慰，特书此数言，以作纪念。

俞伟超
于广东省人民医院保健楼综合内科 601 病房

玛丽·露丝号是世界闻名的英国沉船[2]，是国际水下考古的一个标志性案例，我们理解俞先生的意思是西方有玛丽·露丝号，我们有南海Ⅰ号，意味着自此中国的水下考古有了与西方水下考古比肩的资格，站在了同一个发展平台。此后南海Ⅰ号沉船的调查、发掘、整体打捞等一系列工作进程和取得的重大成果，迅速引起了社会和公众的关注，成为水下考古的大事件，一时间一提到水下考古必提及南海Ⅰ号沉船。国际水下考古学界也是非常关注，应联合国教科文组织水下文化遗产专业委员会的要求，国家博物馆还派人专程去巴黎报告南海Ⅰ号沉船的工作情况。事实证明了俞先生的远见卓识。

除俞伟超先生之外，我国文物考古界的一些专家学者与国家文物局、中国历史博物馆和广东省文物考古研究所时任领导和专业人员，都为南海Ⅰ号沉船的考古工作做出了贡献。尤需提出的是，2001 年，南海Ⅰ号沉船调查的重启得到了香港潜水界陈来发先生和"中国水下考古研究探索协会"的支持。1999 年，中国历史博物馆应香港政府邀请赴港参加竹篙湾水下文物调查，工作期间结识了陈来发等一批香港潜水人士，他们对国家水下考古事业非常关注，愿意赞助一个国内的水下考古发掘项目，我们向他们全力推荐南海Ⅰ号沉船的调查。经多次协商，2000 年，他们成立了香港"中国水下考古研究探索协会"并以协会的名义赞助 120 万元港币，中国历史博物馆配套项目经费 30万元，中断多年的南海Ⅰ号沉船水下考古调查工作重新得以开展。2001 年 4 月，经国家文物局批

---

[1] 俞伟超先生于 2003 年 12 月 5 日 0 时 48 分在广州病逝，享年 70 岁。此时距俞先生离世已不足一个月。

[2] 玛丽·露丝号战舰建造于 1510 年，沉没于 1545 年对法战争中，1971 年重新发现，并于 1982 年打捞出水。经保护修复，现展陈于英国朴茨茅斯的专门博物馆（The Mary Rose Museum）内。

商船戰艦　東西輝映

十九世紀初開始，人類已從地下尋找自己的以往歷史。

二十世紀四十年代英國海軍在世界大戰中發明水肺，人類又能從水下尋找自己的一部份歷史，科學的水下考古亦由發展起來了。

至今英國紅樣瑪麗號與建設的瑪麗·露絲沉船保存和展出場地，是規模最巨大的水下考古博物館。瑪麗·露絲考慮沉船是一艘戰艦，十六世紀时在英吉利海峽被法國攻沉沒。

我國於廣東省台山縣海域尋找此一艘南宋沉朽船，今在陽江市建設巨大的特存和陳列館舍。台山南宋沉船的年代比瑪麗·露絲號，相世更不遠，一為商船，一為戰艦，更早，兩艘木船，

彩版 1-1　俞伟超先生手迹

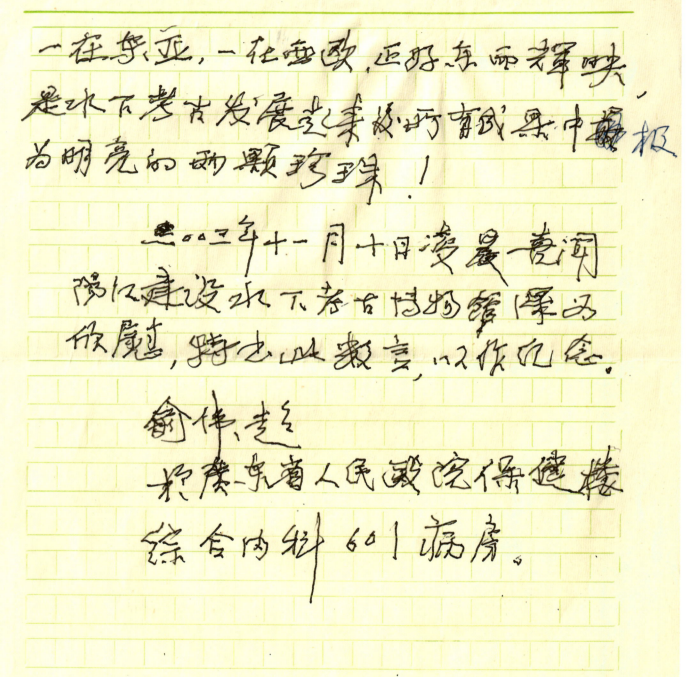

一在东亚，一在西欧，正好东西辉映，是水下考古发展过程技术中最为明亮的两颗珍珠！

二〇〇三年十一月十日凌晨，黄河阳拟建设水下考古博物馆以欣慰，特书此数言，以作纪念。

俞伟超
于广东省人民医院保健楼综合内科601病房。

准，由中国历史博物馆牵头，抽调全国水下考古专业人员组成南海 I 号沉船水下考古队。此次调查工作中，水下考古专业人员首次在水下探摸到了沉船遗址上散落的凝结物与文物标本，并将其做了精确的定位。同年 10 月，考古队对南海 I 号沉船的位置进行了复查，再次探摸到大量瓷片，遗址的重新发现得到了确认。在当时国家水下考古财政专项经费只有 200 万元的情况下，这笔 120 万元港币的赞助对于南海 I 号沉船调查工作的重新开启无疑起到了关键作用。

当然，南海 I 号沉船水下考古工作得以重新开始至为重要的一点是中国水下考古人的自信。自 1989 年南海 I 号沉船中日合作第一次调查之后，经过十年的艰苦奋斗，我国水下考古事业获得了长足的进步，已初具规模，拥有了一支专业队伍，积累了丰富的实践经验，技术装备也大为改善。特别是通过辽宁绥中三道岗元代沉船的大规模发掘和 1998~1999 年西沙群岛水下考古调查，水下考古工作能力和水平大为提升，完全有能力承担南海 I 号沉船的水下考古调查与发掘工作。有专业队伍，有经费保障，有国家文物局和省市地方相关部门的支持，正所谓水到渠成，南海 I 号沉船得以重回我们水下考古人的视野。

2001 年对南海 I 号沉船遗址准确定位后，经国家文物局批准，由中国历史博物馆（2003 年 2 月改建为中国国家博物馆）牵头，再次组成水下考古队，于 2002~2004 年进行了五次大规模水下调查和局部试掘工作。根据国家文物局要求，调查工作的重点是全面了解和掌握沉船的规模、堆积情况和保存状况，为下一步编制发掘、打捞和保护方案提供科学依据。

通过 2001~2004 年的水下考古调查工作，基本达到了预期目的，全面掌握了南海 I 号沉船保存的现状和有关数据，包括沉船的长、宽、型深、艏向、沉态等，初步测绘了遗址的平、剖面图，并采集出水各类遗物总计 4700 余件（不含铜钱），出水遗物以瓷器为主，另有陶器、金属器、有机物和铜钱等，为南海 I 号沉船的整体打捞奠定了科学基础，提供了可靠的数据支撑。这些调查工作成果与数据也是经得起后来发掘工作验证的。

本报告是 1989 年至 2004 年间南海 I 号沉船遗址水下考古调查的学术报告，也是南海 I 号沉船入驻广东海上丝绸之路博物馆之前水下考古工作的系统总结。虽然出版晚了一些，但反映了我国早期水下考古调查工作的重要成果，整理公布了南海 I 号沉船整体打捞出水之前的一批重要资料，对了解我国水下考古事业的早期发展和研究南海 I 号沉船及海上丝绸之路的历史具有重要价值和学术意义。

最后，本报告是南海 I 号沉船考古调查整体工作进程中基础阶段的科学记录。时至今日，南海 I 号沉船从发现到入驻博物馆进行全面发掘已整整三十年，这三十年是一个持续的、不可割裂的历史进程，这本报告也是我们对历史的一个交代。

第二章 自然地理环境

　　南海Ⅰ号沉船遗址位于广东省江门市川山群岛与阳江市南鹏群岛之间的大帆石海域（彩版2-1），在北纬21°15′~21°45′、东经112°35′~112°45′之间，地处南海的北部海域（彩版2-2），距离海岸约20海里。所处的江门、阳江地区南临南海，属亚热带季风区，海洋性气候明

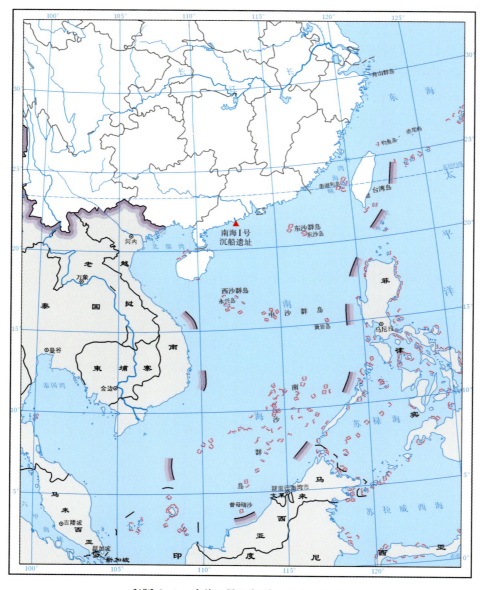

彩版2-1　南海Ⅰ号沉船遗址位置示意图

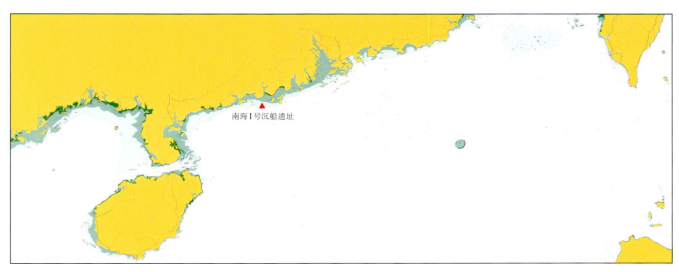

彩版 2-2　南海Ⅰ号沉船遗址位置图

显。夏秋季台风频繁，是该海域的主要灾害性天气。海岸线长，海岛林立，港湾众多，海洋资源丰富。唐代贾耽《广州通海夷道》中所载通往南海的海上航线即是由广州发舶经由此地，再至南海诸国[1]。宋时在广州、泉州、明州等地设立市舶司，管理海外贸易，"三方唯广最盛"，商船去还均需巡检，"广州自小海至溽洲七百里，溽洲有望舶巡检司，谓之一望，稍北又有第二、第三望，过溽洲则沧溟矣。商船去时，至溽洲少需以诀，然后解去，谓之'放洋'。还至溽洲，则相庆贺，寨兵有酒肉之馈，并防护赴广州"[2]。因此，该海域地处南海丝绸之路航线上，南海Ⅰ号沉没于此，与该区域的海陆岛礁形势、气候、水流等自然地理与海洋环境有着密切关系。

一　海陆地理与岛礁形势

该海域附近主要有川山群岛、南鹏群岛、海陵岛等岛屿（彩版 2-3），并有诸多港湾，是沿海地区渔业和海上贸易船舶停靠、补给的重要地点。

川山群岛由主岛上川岛、下川岛和茫洲、坪洲、水壳洲、山猪洲、王府洲等小岛组成。明代中叶，耶稣会传教士方济各·沙勿略（Francis Xavier）登居上川岛传教，并病故于此。岛屿港湾众多，植被繁茂，阳光充足，气候温和。

南鹏群岛，由两座小山组成，岛上有贵重金属钨矿藏，后矿藏枯竭荒废，岛上有可供船舶停靠的天然港湾。

海陵岛，地处海上丝绸之路航线，扼粤、桂、琼要隘，毗邻港澳，是著名的自然生态海岛。南海Ⅰ号沉船最终落户于此，也与其优越的地理位置和自然环境关系密切。

东帆石，又称大帆石，位于沉船遗址东南 2 海里，为东西长、南北窄的尖顶石礁，大潮不没，无人居；其旁还有小帆石（帆仔）（彩版 2-4）。

---

[1]（宋）欧阳修、宋祁撰：《新唐书》卷四十三下《地理七下》，中华书局，1975 年，第 1153、1154 页。
[2]（宋）朱彧撰：《萍洲可谈》卷二，李伟国点校，中华书局，2007 年，第 132 页。

彩版 2-3　南海Ⅰ号沉船遗址位置图

彩版 2-4　大帆石海域环境

这些岛屿一般都有宜于停泊的天然港湾，是海上交通的重要补给站。该区域与陆地相连处，也有诸多海港、集市，有的还位于河流入海口，处于河海交通要津，是渔业生产和海外贸易的重要港口。比如，北津港，漠阳江入海口，"大海在北津外，一望无际，南转而东，可由上下川内外以达广惠潮州；南转而西，可由海陵内外以达高雷琼州，故阳江海防北津为最要……。"[1] 闸坡港，位于海陵岛西南侧，三面环山，还是该区域的重要市集，据记载，"戙船澳……又有闸坡市，商务为邑中各澳之冠，商里栉比，店铺三百余间。渔船云集，渔船四百余艘。港口面西北方，广五六十丈，深三丈余……形势弯抱，可以避风，盖全邑最良之港湾也。"[2] 东平港，位于广东省阳江市东平镇，以葛洲岛为屏障，是一处重要海港，可容千艘船只停泊、避风、补给，"东平港……常有帆船数百艘湾泊，惟港口水浅，轮船不能入其商场……自新宁大金门上下川等处航海西来，则大澳与此为必经之路。"[3] 其东南侧的大澳渔村，港阔水深，现今仍是较完整保留海上疍家风格的古渔村。

［1］（清）李澐辑：《阳江县志》卷一《地理志》，据清道光二年刊本影印，《中国方志丛书·华南地方》第一六八号，（台北）成文出版社有限公司，1974 年，第 114 页。

［2］张以诚修、梁观喜纂：《阳江志》卷六《地理志六·要隘　港湾　陂隄》，据民国十四年刊本影印，《中国方志丛书·华南地方》第一九〇号，（台北）成文出版社有限公司，1974 年，第 397 页。

［3］张以诚修、梁观喜纂：《阳江志》卷六《地理志六·要隘　港湾　陂隄》，据民国十四年刊本影印，《中国方志丛书·华南地方》第一九〇号，（台北）成文出版社有限公司，1974 年，第 394、395 页。

二　气候条件与海水状况

该区域属亚热带季风区，海洋性气候明显。热量丰富，日照长。雨量充沛，雨季长。气候温和，无霜期长。季风活动频繁，冬季受大陆冷高压影响，盛行东北季风；夏季主要受西南低压槽和副热带高压影响，盛行西南季风，春秋季节风向多变。该海域每年9月至次年3月为东北风季节，风力一般为4~5级，最大达9级，4月以后风力减弱，转入西南风季节。6~11月的夏秋季台风频繁，受热带风暴、强热带风暴和台风影响，是该海域的主要灾害性天气。据气象资料统计，在台风季节中，影响该区域的热带风暴、强热带风暴一般每年有4~7个。现场风向无明显规律，以东北、东南为主。每年12月至次年4月，易出现海雾，对海上能见度有显著影响。

该区域年平均气温22.8℃，7~8月份气温最高，1月份气温最低。沿海地区年平均气温高于23℃，最低气温约1.5℃，无霜期多于350天，年均降雨量一般1000~2000毫米，多集中于5~10月份，雨季分4~6月前汛期，7~9月下旬热带气旋后汛期。

由于沉船海域在沿岸近海浅水区，处于近海30米水深的等深线，平均水深24米。海水属于南海沿岸水团，盐度较低，表面盐度30‰~32‰。沉船海域海水的pH值为8.9。海水透明度随水深变化，水深10米以内可达5米，海底几乎为零。海水中泥沙含量与海洋悬浮物的分布，与距离江河出海口岸线一致，表现出近岸高，远岸低；渔港湾内高，港湾外低；海水底层高，浅层低的特点。

由于沉船海域距离陆岸线较远，海水能见度与海洋生物源，受洋流与热带季风气旋影响，呈现春夏西南季风期的清水期为主，秋冬东北季风期的浑水期。每年3~6月西南季风期，海水为清水期；7~9月下旬，为热带气旋频繁季节；10月至次年2月，东北季风期间，海水为浊水期。沉船海域海水流向与流速受潮汐影响较大，海水能见度受季节变化影响较大，清水期随光照减弱由表及深海水能见度为：表层至10米能见度大于5米，中层10~18米能见度5米，底层20米以下能见度1米。冬季浑水期，海水能见度表层3~5米，中层为1~3米，底层低于0.5米。

该海域潮汐为不规则半日潮，潮流指数为0.66~1.94，潮流旋转率是0.02~0.14，属带旋转流的往复流。最大潮流流速16~106厘米/秒，表面流速大于底层流速，春季余流流速0.1~31厘米/秒。涨潮平均5小时，落潮平均5.3小时。最大潮差可达3~4米（珠江基准面），潮时30分钟。

海水受洋流与潮汐影响较大，表现为流速、流向变化多样的特点。沉船所在海域现场实时测得最大流速为0.74米/秒，流向以东西向为主，无明显的平潮现象。根据水下考古调查积累的资料显示，每月有3~4天天文大潮时间潜水作业受流水影响，其他时间受流水影响较小。受东北强季候风影响，最大海流速度达3节。

该海域海水年均温21.3℃，1~3月份为低温期，最低水温18.2℃；7~9月为高温期，水温可达27.5℃。现场测量水深约为24米（未计潮差），水温分三层，表层约为22℃，中层约为19℃~20℃，底层约为16℃~18℃，潜水员下潜时，可明显感觉到温度的变化。

该海域的风浪频率为86.4%，涌浪频率13.6%；波浪平均周期1.55秒，最大周期5.4秒；海上平均波高0.21米，最大波高1.5米，春季平均波高0.25米。

三　地质资料与沉船环境

通过水下调查和钻探，可知沉船所在海域的海底地质有较为明显的多层堆积。最上层是淤泥，灰色到深灰色，饱和，流塑，含有小贝壳，平均厚度为 1.53 米，出露海底。其下为淤泥质土，为浅灰至灰色，饱和，软塑，含较多粉细沙，局部夹薄层粉细沙，在上部含小贝壳。本层淤泥质土平均厚度 28.20 米，层顶埋深 1.30~1.80 米，承载力特征值为 50~70 千帕。再下面是粗沙，为浅灰色，饱和，稍密，含少量卵石，在上部含有黏粒，岩芯有黏性，级配一般。本层的平均厚度为 1.33 米，层顶埋深 29.30~30.00 米，建议承载力特征值为 150~160 千帕。粗沙之下是粉质黏土，本层揭露厚度仅为 0.70 米，为浅灰色绿色，可塑，含粉细沙。

通过水下调查可知，海底表层为灰色的含小型贝壳的饱和状淤泥（彩版 2-5），平均厚度在 1.50 米左右；掩埋沉船的海泥为浅灰色的含沙淤泥土质，相互胶结具有一定的强度，但估计不会有很大的承载力。

海洋悬浮物包括泥沙及海洋生物，是影响海水能见度的重要因子，可直接影响水下考古的工作效果。海洋生物则是对沉船船体形成毁坏的生物源。

彩版 2-5　海床表面淤泥

沉船海域地处多条大江大河水系的出海口西侧，呈逆时针方向环流的太平洋洋流，裹挟着江河丰富的泥沙，形成了位于珠江口东岸的深圳、香港等海域的清水区域，以及位于珠江西岸口的珠海、澳门等海域的浑水区域的环境差异。

南海Ⅰ号沉船所在海域不仅是海上丝绸之路的重要通道，也是南海海域渔民海洋捕捞作业的天然渔场。渔船拖网作业搅挂的海底泥沙与海流共同作用，具有较强的搬移效果，不仅影响海水能见度，也加快了海底泥沙的淤积。通过南海Ⅰ号沉船水下考古资料可知，沉船船体被细密泥沙整体覆盖于海床下 0.50~2.00 米内；船体凸起于海床的部分，附着有厚密的渔网（彩版 2-6）。据渔民提供信息，20 世纪 70 年代在大规模采用大功率柴油机为动力以前，使用风帆动力渔船在该海域拖网捕捞作业时常被海底沉船挂网，渔民只能选择砍断网绳弃网保船的方式。这也是南海Ⅰ号沉船表面覆盖较多渔网的原因，也可了解到凸起裸露海床的沉船船体部分，不断遭到拖挂破坏，逐渐淹埋于海床内。

彩版 2-6　海床表面淤泥及渔网杂物

鉴于该海域泥沙淤积问题严重，我们对淤泥做了回淤测量试验，即在沉船外侧约 20 米处，开挖长、宽、深各 3 米的回淤测量坑，边坡为 1:2，并在坑内垂直上标尺。根据测量可知，第一天回淤约 20 厘米，第二天回淤约 15 厘米，第三天约 10 厘米，第四天约 8 厘米。从回淤测量结果来看，结合水下考古调查中抽泥后的现场回淤情况综合分析，沉船附近的回淤应是每月 10 厘米左右。

　　该海域严重的泥沙淤积情况，使得南海Ⅰ号沉船的水下考古调查，均要面对抽排覆盖船体淤积泥沙的重复作业，无疑大大增加了水下考古的工作量和难度。但是，从另一个角度来讲，根据水下考古调查资料来看，密实的泥沙淤积包裹着沉船船体，隔绝了氧分子，丰富的海洋贝类生物便无法在厌氧船体环境中生存，为南海Ⅰ号的木质船体营造了天然的厌氧保护层，避免了海洋生物的侵蚀，从而使得船体保存相对较为完好。

第三章　调查工作概况

　　南海Ⅰ号沉船发现于 1987 年，位于上、下川岛西南侧的大帆石海域，处在江门市川山群岛与阳江市南鹏群岛之间，地处珠江口外，距海岸约 20 海里，遗址所在海域的水深在 24 米左右，海底为泥沙底质，水下能见度较差。在最初发现和 1989 年中日联合南海沉船水下考古调查时，将其地理位置记为上、下川岛附近。随后工作一度停滞多年，直至 2001 年 4 月重启调查，由中国历史博物馆牵头，联合广东省文物考古研究所、阳江市博物馆等单位，组成南海Ⅰ号沉船水下考古队，在 2001~2004 年，先后进行了七次水下考古调查工作。在此期间，为保障人员、设备、后勤补给及海上安全，水下考古队选择了与沉船遗址最近的陆上港口——阳江市阳东县的东平渔港作为工作船停靠码头。为确保海上作业安全，负责海上安全生产的广东海事局指令由阳江海事局负责该沉船水下考古调查项目的安全生产监督管理。因此，南海Ⅰ号沉船遗址所在海域又称为南鹏群岛海域。在广东省、阳江市政府和文物部门的协调下，南海Ⅰ号沉船最终得以落户阳江市海陵岛。

　　由 1987 年沉船发现到 1989 年首次水下调查，以及 2001~2004 年的大规模水下调查，最终确认并获取了南海Ⅰ号沉船的精确位置、分布概况和海洋环境等信息，为进一步的打捞和发掘工作提供了科学的数据，奠定了坚实的基础。值得指出的是，南海Ⅰ号沉船遗址的发现与调查，是伴随着中国水下考古学的建立而取得的一项重要成果，也是中国水下考古工作的首次国际合作与交流。在此期间，调查工作曾中断 10 余年，也见证了中国水下考古学初创时期的艰辛[1]。

第一节　沉船发现与 1989 年调查

　　1987 年 8 月，广州救捞局与英国海洋探测公司合作在广东省台山市与阳江市交界的海域内寻找一条东印度公司的沉船的行动中[2]，意外地发现一条满载宋元时期瓷器的沉船，并打捞出瓷器、铜器、锡器、铁器、银锭、铜钱等文物共 247 件（彩版 3-1），以瓷器为主，有青瓷碗（彩版 3-2），青白瓷碗（彩版 3-3）、大碗（彩版 3-4）、小罐（彩版 3-5）、盒（彩版 3-6）、瓶（彩版 3-7）等，绿釉瓷（彩版 3-8）、酱黑釉瓷（彩版 3-9）等，部分瓷器底部有墨书题记，如"郑知客"

彩版 3-1　1987 年出水文物

---

　　[1] 张威：《水下考古学及其在中国的发展》，《水下考古学研究》第 1 卷，科学出版社，2012 年，第 1~12 页。
　　[2] 李岩、陈以琴：《南海Ⅰ号沉浮记——继往开来的航程》，文物出版社，2009 年；崔勇、张永强、肖达顺：《海上敦煌——南海Ⅰ号及其他海上文物》，广东经济出版社，2015 年。

彩版 3-2　龙泉窑系碗

彩版 3-3　闽清义窑碗　　　　　　　　彩版 3-5　德化窑四系小罐

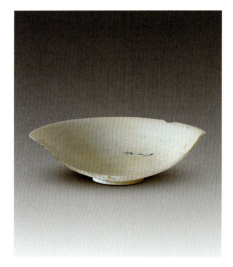

彩版 3-4　德化窑大碗

彩版 3-6　德化窑盒

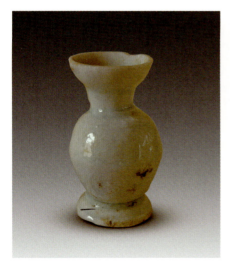

1. 喇叭口小瓶

2. 葫芦瓶

彩版 3-7　德化窑瓶

彩版 3-8　磁灶窑盘

彩版 3-9　磁灶窑小罐

彩版 3-10　磁灶窑小罐底部墨书

等（彩版3-10）；同时还发现了 1 条金腰带（彩版3-11），长 172 厘米，在国内尚未有出土过，其形态和纹饰颇具异域风格，可能是外国人的饰物；另有数块银锭（彩版 3-12）和 10 枚铜钱（彩版3-13），以及 1 件锡壶（彩版3-14）。现场的中方人员及时采取了保护措施，停止了打捞工作，同时上报广东省文物主管部门，并把文物移交给广东省博物馆。经初步鉴定，这些瓷器主要是福建德化窑和晋江磁灶窑、浙江龙泉窑、江西景德镇窑等窑场烧造的珍贵文物，时代为宋元时期[1]。据此推测，沉船的年代当属宋元时期，当时尚无法确认其具体年代。

彩版 3-11　金腰带

［1］任卫和：《广东台山宋元沉船文物简介》，《福建文博》2001 年第 2 期，第 80~84 页；广东省文物管理委员会、广东省博物馆、广东省文物考古研究所、广州市文物管理委员会编：《南海丝绸之路文物图集》，广东科技出版社，1991 年，第 87~92 页；张威：《南海沉船の发见とその》，中国·南海沉船文物を中心とする：《はるかなる陶磁の海路展——アジアの大航海时代》，朝日新闻社文化企画局东京企画第一部编集发行，1993 年，第 25~28 页，第 30~39 页（文物图录）。

彩版 3-12　银锭

1. 元符通宝　　　　　　　2. 政和通宝　　　　　　　3. 绍兴元宝

彩版 3-13　铜钱

彩版 3-14　锡壶

根据这一发现和这批打捞的文物所提供的信息，考古学界认为，这一发现极有可能与南海海上丝绸之路有关，对其进行水下考古勘察和发掘，将为研究中国航海史、造船史、陶瓷史和海上丝绸之路提供极为难得的实物资料，甚至很可能获得一些文献资料与陆地考古无法提供的信息，同时也可为了解古代中国与海外地区的贸易往来提供翔实生动的材料。因而，这艘南海沉船发现以后，便引起了中国考古学界的高度关注，并在条件允许的情况下，极力推动沉船的水下考古工作。

此时，中国水下考古事业正处于初创阶段，尚无水下考古的实际工作经验，于是就考虑和国外的学术机构合作，共同调查和发掘这艘沉船。经国务院批准，1989 年 7 月 31 日至 8 月 1 日，中国历史博物馆与日本水中考古学研究所分别签署了《关于合作进行南海沉船考古调查发掘的意向书》和《关于合作进行南海沉船考古调查的协议书》，并决定于当年秋季进行第一次调查。双方还进一步商定，为推进南海沉船的学术研究，共同成立高规格的学术委员会，负责指导南海沉船的调查研究工作。经多方筹备，1990 年 2 月 19、20 日，"中日联合中国南海沉船调查学术委员会"在北京成立，并召开了第一次会议（彩版 3-15），学术委员会由中国考古学会理事长苏秉琦先生担任主任委员，日本考古学会会长江上波夫先生担任副主任委员，委员有宿白、徐苹芳、黄景略、俞伟超、坪井清足、长谷部乐尔、田边昭三等先生（彩版 3-16）。

经过紧张的准备，1989 年 11 月上旬，"中日联合南海沉船水下考古调查队"在广州正式成立。中国历史博物馆馆长俞伟超教授担任队长，日本水中考古学研究所所长田边昭三教授担任副队长；中方队员有张威、杨林、王军、刘童童、尚杰，日方队员有小山内恭一、后藤雅次、吉崎伸、酒田裕次（彩版 3-17）。日本朝日电视台派出了一支由五人组成的摄制组，随同调查队在现场进行记录和采访。广州救捞局为调查工作提供了两艘工作船，即穗救 205 轮和穗救 201 轮（彩版

3-18），并派出四名职业潜水员和一名潜水医生协助工作。

1989 年 11 月 11~20 日，中日联合调查队对此沉船进行了第一次水下考古调查，采集到一片与之前打捞出的德化窑青白瓷大碗一样的青白瓷碎片[1]。在水下考古工作正式开始时，依照考古工作的惯例，俞伟超先生将这条沉船定名为"南海 I 号沉船"。

根据沉船遗址情况和水下考古工作方法，本次调查可分为海洋物探扫测调查和水下考古人员潜水探摸两个阶段[2]。

第一阶段的物探调查工作，委托中国地质矿产部第二海洋地质调查大队在南海 I 号沉船海域对其进行扫测定位，以探测沉船的准确位置。扫测工作由穗救 205 轮进行，自 11 月 11 日，开始进行定位和扫测。物探设备为 SMS-960 旁侧声呐系统、PS-10E 型回声探测仪、福康 484 定位系统。扫测工作则以发现该沉船的广州救捞局所提供的坐标点为中心进行，实际完成了 500 米 ×700 米的扫测范围。为了使扫测区域全覆盖，不漏掉沉船疑点，按照 65 米 ×65 米测网进行扫测。在海况恶劣、工作困难的情况下，11 月 17 日中午，工作人员终于扫测到了沉船疑点，记录了位置，并抛设浮标（彩版 3-19），其水深为 22 米，为下一阶段水下考古专家的水下探摸打下了基础。

第二阶段水下探摸工作由水下考古

彩版 3-15　中日联合中国南海沉船调查学术委员会第一次会议

彩版 3-16　中日联合中国南海沉船调查学术委员会成员合影

［1］张威：《南海沉船的发现与预备调查》，《福建文博》1997 年第 2 期，第 28~31 页；张威：《南海沉船の発见とその》，中国·南海沉船文物を中心とする：《はるかなる陶磁の海路展——アジアの大航海时代》，朝日新闻社文化企画局东京企画第一部编集发行，1993 年，第 25~42 页。

［2］张威：《中国水下考古的起点——中日联合广东南海沉船调查侧记》，《福建文博》1997 年第 2 期，第 17、18 页；另载于内部刊物《水下考古通讯》第 4 期，中国历史博物馆水下考古学研究室编印，1990 年，第 16~19 页。

1. 队长俞伟超先生和副队长田边昭三先生

2. 中日联合南海沉船水下考古调查队合影

彩版3-17　中日联合南海沉船水下考古调查队工作照

彩版3-18　南海沉船调查工作船（穗救201轮）

彩版3-19　南海沉船疑点抛标位置及周边环境

彩版3-20　南海沉船调查潜水工作会议

队员在扫测人员和职业潜水员的协助下来完成。11月16日，俞伟超队长、田边昭三副队长率领全体队员，乘坐穗救201轮由珠江口内莲花山泊地驶出，暂至虎门沙角停泊，等候穗救205轮的扫测信息报告。17日上午，队长、副队长主持召开了潜水人员会议（彩版3-20），制定了到达现场后的潜水方案；当下午获知沉船遗址已经定位后，即起航驶往现场。18日上午，两轮在下川岛汇合后，水下考古队员整理潜水设备。抵达工作现场后，调查队员使用EC-107型直读式电磁流速计进行了海况、水流、气象调查，当时刮北风，风力5~6级，2~3米中到大浪，海底水温23.9℃。19日上午，当海况条件允许时，水下考古队员根据潜水作业计划开始进行水下探摸（彩版3-21），广州救捞局的职业潜水员确认了位置，后藤雅次、吉崎伸、酒田裕次、张威、杨林、王军先后潜水探摸，仅采集到一片瓷片和小木块等（彩版3-22），出水瓷片为德化窑青白

彩版 3—21　南海沉船潜水探摸调查

瓷大碗残片（彩版 3-23）；下午又做了一组探摸。期间，朝日电视台的高桥雅彦、藤山亨进行了水下摄像和摄影，但终因水下能见度太差而未获成功。这一阶段工作中，前后 9 次共 13 人次进行了潜水调查。本次调查工作至此结束。当晚返航，20 日清晨返抵广州。

　　11 月 20 日下午，俞伟超队长、田边昭三副队长及部分队员到广东省博物馆考察了 1987 年自沉船打捞出的瓷器（彩版 3-24），并与采集的瓷片标本进行了对比（彩版 3-25），确认两者完全一样。据此，本次调查采集的瓷片标本应是南海 I 号沉船遗物，但调查工作中因天气原因而未能获取进一步的沉船信息。

　　由于中日联合南海沉船水下考古调查队全体成员友好合作，克服了海况和气象条件恶劣、水下能见度极差等困难，第一次水下调查基本达到了预期目的，主要收获是发现了南海 I 号沉船的大致位置。这是中国水下考古工作中第一次成功应用声呐等物探技术与潜水探摸相结合的方法搜寻沉船遗址。通过本次调查，初步了解到遗址表面当时的保存状况为面积约 1 平方米、高约 0.3 米的凸起物，推测大部分船体可能已被泥沙掩埋；还获取了沉船海域的海况、气象等方面的第一手资料，

彩版 3-22　　出水遗物

彩版 3-23　　出水瓷片

彩版 3-24　　水下考古队考察 1987 年打捞出水文物

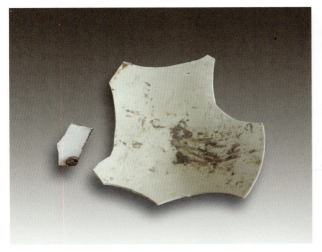

彩版 3-25　南海沉船调查出水瓷片与
1987 年打捞出水德化窑瓷片对比

彩版 3-26　在日本举办中日南海沉船考古暨海上丝绸之路文物展

当时认为今后工作要解决的首要问题是如何克服海水透明度极差的困难。

此后，为推动中日南海沉船考古和海上丝绸之路的合作研究，1993 年 3~9 月，中日联合举办了"中日南海沉船考古暨海上丝绸之路文物展"，在日本东京、大阪、名古屋、长岛等地巡回展出（彩版 3-26），获得了日本学术界的广泛关注和好评，这是中国水下考古成果在国外的首次展出，扩大了我国水下考古工作的国际影响[1]。

南海 I 号沉船的首次水下考古调查，从工作筹备到学术委员会成立，从现场调查和后来的赴日展览，无不凸显着俞伟超先生的远见卓识和学术探索精神，这也成就了南海 I 号沉船调查工作的高起点。

因此，南海 I 号沉船的第一次调查，在一定程度上有着重要的标志性意义，是中国水下考古从筹备阶段步入开展实际工作阶段的起点，也是改革开放以来文物考古界第一次与国外研究机构的合作，是中国水下考古事业初创时期"走出去，请进来"模式中开展中外合作的具体实践工作之一[2]。

第二节　2001~2004 年水下调查

南海 I 号沉船自 2001 年 4 月重新启动调查工作开始，到 2007 年 12 月移驻广东海上丝绸之路博物馆止，经历了求证、定位、探摸、试掘、环境勘察、整体打捞等多个阶段。在 2001~2004 年间，经国家文物局批准，由中国国家博物馆（原中国历史博物馆）牵头，组织北京、广东、福建、山东、海南等各省水下考古专业人员，组成了"南海 I 号沉船水下考古队"，张威任队长，对沉船先后进行了七次水下调查与局部试掘，进一步确定了沉船遗址的精确位置、性质和年代，基本掌握了沉船长、宽、高和保存状况等基础资料，为南海 I 号的顺利打捞以及后期的全面考古发掘奠定了

[1] 中国·南海沉船文物を中心とする：《はるかなる陶磁の海路展——アジアの大航海时代》，朝日新闻社文化企画局东京企画第一部编集発行，1993 年。
[2] 俞伟超：《十年来中国水下考古学的主要成果》，《福建文博》1997 年第 2 期，第 6~11 页。

科学的基础。

2001 年春、秋两季的水下调查，主要是对沉船进行搜寻并准确定位。在此基础上，国家财政加大投入，2002 年 3~5 月和 6~7 月，水下考古队在水下工程和职业潜水员的协助下，分两次对沉船进行了小面积的考古试掘，除了采集散落文物外，还通过清淤、抽泥等试掘手段，出水了大量的文物标本，并通过水下测量、水下摄影和摄像等记录手段，获得了宝贵的原始资料。由于沉船所处位置的水下能见度极低，2003 年 4~6 月在考古工作中采取了物探扫测与水下作业两种方式，使用旁侧声呐仪、浅地层剖面仪对遗址实施多次扫测，工作重心转向沉船及周边环境各类数据的提取与分析。2003 年 10 月，在广州召开的南海Ⅰ号水下考古工作论证会上，就南海Ⅰ号沉船考古发掘提出了"原址发掘"和"异地发掘"（即整体打捞）两种工作方案，但方案均有待进一步研讨和完善。为此，2004 年 4~6 月的南海Ⅰ号水下考古工作重点，是完善沉船遗址的全面、清晰认识，为进一步编制发掘、打捞和保护方案提供依据。2004 年 9 月，广东省文物考古研究所又组织了专门针对沉船所在海底地质等周边环境的调查，从而为沉船的整体打捞做好了充分准备。

2001~2004 年间的七次水下考古调查与局部试掘，在原中国国家博物馆水下考古研究中心主持下，工作方案几经论证、数易其稿，历时之长、次数之多，是中国水下考古中颇为少见的，这一方面反映了南海Ⅰ号水下考古工作环境的艰难，另一方面也可看出各界人士对南海Ⅰ号沉船的重视与珍惜。

本部分所述，就是南海Ⅰ号沉船 2001~2004 年水下考古调查工作经过及主要收获。

彩版 3-27   香港中国水下考古研究探索协会
赞助南海Ⅰ号沉船调查签约仪式

一   2001 年水下考古调查与定位

南海Ⅰ号沉船发现之后，因为资金筹措、专业人员、技术设备等方面的困难，水下调查和研究工作被无限期延迟。2000 年 9 月，由香港同胞陈来发先生等人成立的香港中国水下考古研究探索协会在广州举行捐助仪式（彩版 3-27），向中国历史博物馆无偿捐助资金 120 万元港币，提供设备上的支持，专项用于南海Ⅰ号的调查及相关工作。至此，南海Ⅰ号沉船的水下考古调查工作于 2001 年春季得以重新开展，并成立了由国家文物局、中国历史博物馆、广东省文化厅、广东省文物考古研究所、阳江市人民政府相关负责人员组

彩版 3-28   香港潜水工作船印洲塘号

成的项目领导小组，监督、指导、协调工作开展。本年度调查工作中，香港中国水下考古研究探索协会陈来发先生等积极参与调查，并提供和支持了一批潜水设备和印洲塘号潜水工作船（彩版3-28），广州救捞局的专业潜水员也共同参加工作。

本年度调查工作于2001年4月17日~5月20日间开展，经过物探调查和潜水调查，最终确定了沉船遗址的坐标位置。物探调查和定位寻找工作先是采用香港方面提供的旁侧声呐系统，效果不佳，未能发现沉船地点。后改用中国科学院南海海洋研究所提供的美国Klein旁侧声呐和浅地层剖面组合仪系统，在广州救捞局提供1987年坐标点和1989年声呐扫测海域，发现了一处声波反射异常点（彩版3-29），又经潜水调查（彩版3-30），确认为两块大的凸起的含铁质凝结物，采集到几片南宋时期的白釉、青白釉、酱釉瓷片（彩版3-31），与1987年南海Ⅰ号沉船打捞出水文物

彩版3-30 潜水调查

彩版3-29 物探调查

彩版3-31 采集出水标本

完全一致。由此可知，南海Ⅰ号沉船遗址的位置得到确认，并初步确认了遗址堆积较为集中的区域，其水深为 23~26 米。

　　10 月，又对春季定位的坐标做了进一步确认，记录了调查发现的最大凝结物的坐标，并于水下设置了定位浮标。定位系统为 NGD-60L 型 DGPS 定位仪，进行了实时差分定位，准确地定出了声呐图上可疑物的精确坐标，绘制出航迹图。

二　2002 年水下考古试掘

彩版 3-32　遗址周边环境与工作现场

　　在 2001 年水下考古调查的基础上，国家加大了财政支持，经国家文物局批准，2002 年南海Ⅰ号沉船进入了水下考古试掘阶段（彩版 3-32）。本年度考古试掘分 3~5 月、6~7 月两个阶段进行，对沉船遗址的保存状况有了进一步了解，获取了一批宝贵的实物资料和数据。本年度辅助水下考古队工作的有水下工程和职业潜水技术人员，承担部分水下工程及安全保障工作，香港中国水下考古研究探索协会志愿人员参加了部分辅助工作。

　　由于南海Ⅰ号沉船上部覆盖有较厚的淤泥，且水深较深、能见度较差，本次工作的重点主要是按照田野考古操作规程，沿重点方位清排部分淤泥，以掌握沉船的保存状况和遗物分布情况；试掘工作的目的，是探索科学的发掘方法，积累发掘经验，为今后的大规模清理发掘奠定基础。

　　为确保发掘的延续性和科学性，水下清淤工作伊始，考古队选择布方基点，统一划定探方，以此建立坐标记录系统。坐标基点位置进行了精确定位，探方皆 2 米 ×2 米，并依据遗存分布状况确定方向，探方编号采用象限法。本年度的试掘工作中，采用了 DGPS 定位系统、浅地层剖面仪、旁侧声呐系统等设备，还引入了当时颇为流行的"田野考古 2000"专门的记录软件系统。

　　本年度调查工作中，通过海洋声呐物探扫测（彩版 3-33），根据旁侧声呐仪成像图（图 3-1）和浅地层剖面仪成像图（图 3-2），初步

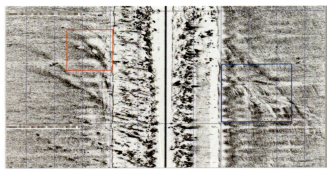

图 3-1　南海Ⅰ号沉船遗址旁侧声呐仪成像图
（左侧红框内为沉船遗址；右侧蓝框内为工作船锚链）

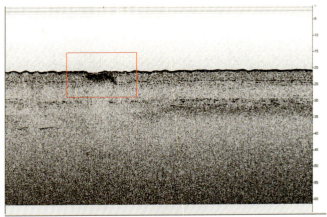

图 3-2　南海Ⅰ号沉船遗址浅地层剖面仪成像图
（红框内阴影为沉船遗址）

彩版 3-33　物探调查

估算出了沉船的大致尺寸和沉没状态，船长约 30、宽约 7、高约 4 米。沉船基本正沉于淤泥中，最深处位于海床下 4 米左右。根据南海Ⅰ号沉船遗址的实际情况，工作重点之一是清除淤泥。由于水下环境恶劣，水质浑浊，没有能见度，工作受到很大影响，一共清理出保存较完好的船舷 20 余米，未能发现船头和船尾部分，出于对沉船的保护和潜水人员的安全，没有将沉船的底部全部抽出。经抽泥和水下试掘（彩版 3-34），虽然发现了一部分沉船平面甲板及多块凝结物、船货堆积（彩版 3-35），出水一批文物（彩版 3-36），但未能摸清船舱的具体分布及埋藏情况。

　　本年度水下考古试掘的主要工作区域为 02NH01T2019、T2020 两个探方的全部和

彩版 3-34　抽泥与水下试掘

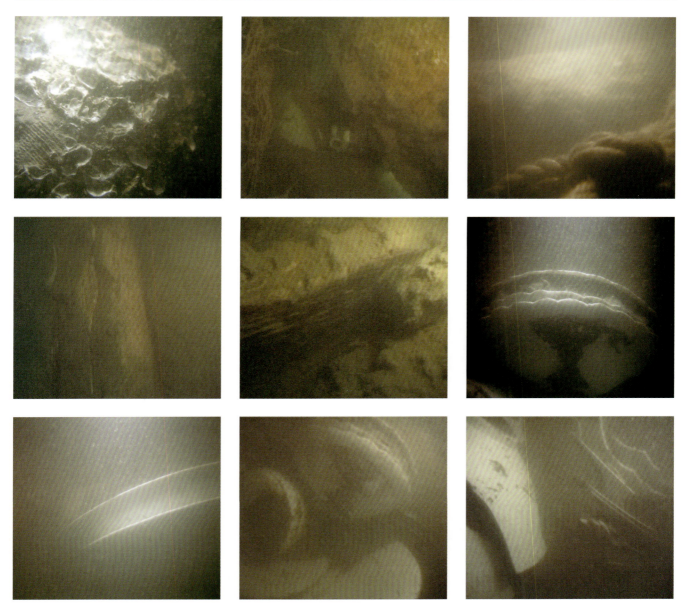

彩版 3-35　遗址水下堆积

02NH01T2021、T2018、T2022、T2012 的局部地区。上述探方经初步发掘，均发现保存较为完好的木质船体，出水的完整或可复原器物总计 4500 余件，其中 02NH01T2019、T2020 两个探方就多达 3000 余件。经初步整理，出水遗物以瓷器为主，另有陶器、金属器、有机物和铜钱等（彩版 3-37）。瓷器共计 4565 件，其中青瓷、青白瓷和白瓷 4497 件，黑瓷、绿釉陶和酱黑釉瓷等则有 68 件，器类以碗、盘、罐、盒、瓶、壶为主，形制多样。这批瓷器主要为宋代南方地区的外销瓷，有景德镇窑青白瓷、龙泉窑青瓷、德化窑青白瓷和白瓷、晋江磁灶窑瓷、闽清义窑青白瓷等窑口（彩版 3-38）。金属遗物有金环、银锭、铜环、铁质凝结物等（彩版 3-39）。出水铜钱 87 枚，类别较多，部分钱文因锈蚀严重而无法辨识，可辨识者有开元通宝、乾元重宝、宋元通宝、咸平元宝、

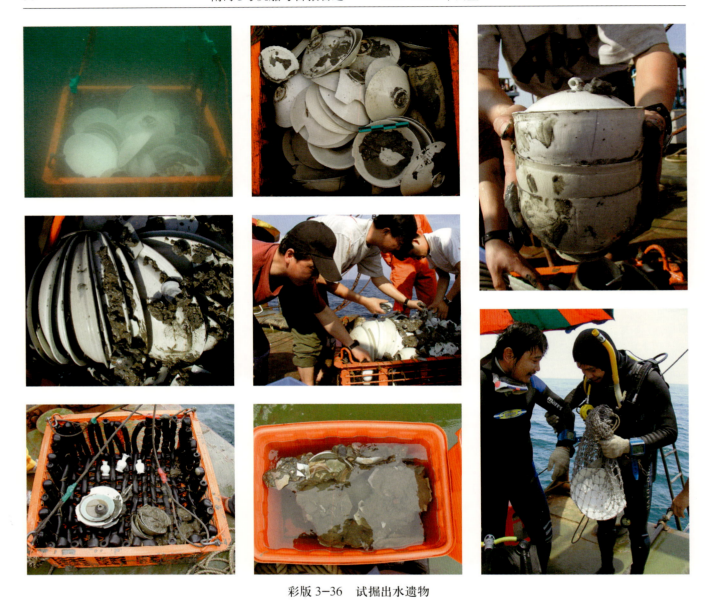

彩版 3-36　试掘出水遗物

祥符元宝、皇宋通宝、天圣元宝、熙宁元宝、熙宁通宝、元丰通宝、元祐通宝、绍圣元宝、崇宁重宝、大观通宝、政和通宝、宣和通宝等，南宋时期的有建炎通宝、绍兴元宝各 1 枚（彩版 3-40）。有机物有漆器残片（彩版 3-41）、果核果壳（彩版 3-42）、船板木样（彩版 3-43）、动物骨骼等。漆器残片保存较差，木质内胎已显炭化。

　　根据物探扫测和清淤、试掘情况，测得船体方向约 240°。由于海底能见度极差，水下考古队员在水下摸查船体后，后先画出示意图，再结合前期能见度较好时的影像资料，绘出水下船体的位置图。根据本年度工作，绘制了南海Ⅰ号沉船探方平面图和遗物分布图，并结合后来调查资料，补充了沉船遗址在清淤位置的纵、横剖面图（图 3-3）。

　　通过本年度水下探摸和试掘工作，进一步采集了沉船遗址的相关数据信息，经多方位、多角度、多层次的研究论证，初步确立了"整体发掘、异地保护"的发掘方案。

彩版 3-37　出水文物整理

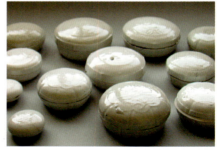

彩版 3-38　出水瓷器

1. 银锭

2. 铜环与朱砂

3. 铜环

4. 铁质凝结物与瓷器

彩版 3-39 出水金属遗物

彩版 3-40 出水铜钱

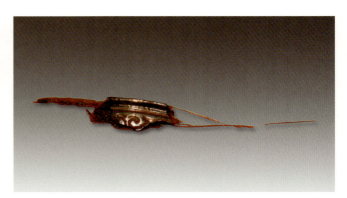

彩版 3-41　　出水漆器残片

彩版 3-42　　出水果壳果核

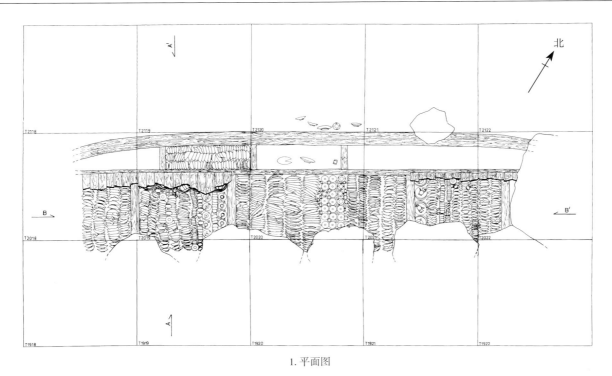

1. 平面图

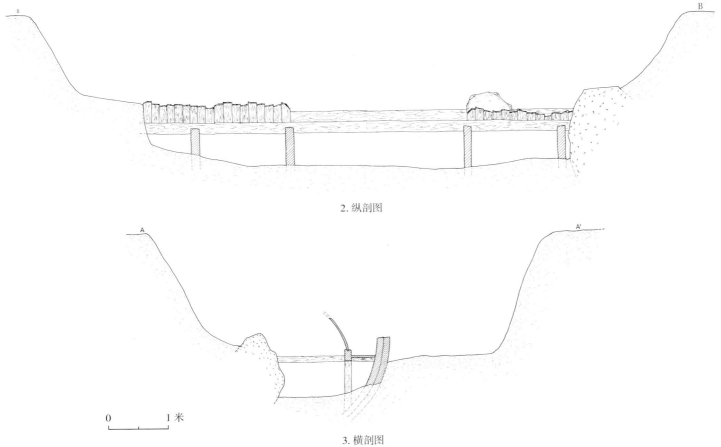

2. 纵剖图

3. 横剖图

图 3-3　南海 I 号沉船遗址 2002 年试掘平、剖面图

彩版 3-43   采集出水船体木样

三   2003 年水下考古探摸与调查

2003 年 5~6 月，南海Ⅰ号沉船水下考古队又对沉船遗址进行了水下考古探摸与调查，工作目的是全面了解南海Ⅰ号沉船遗址的埋藏状况以及船体本身的保存现状，收集沉船海域的海洋气象、洋流、海底基底物理性质等资料，为制定全面发掘计划及进行船体整体打捞的可行性论证收集必要的技术数据。因此，本年度工作主要是勘察探摸，而对于船体本身现状的了解则还要借助于清排淤泥来实现，通过抽泥工作，清除沉船遗址上方及周边的淤泥以及小块凝结物，以便摸清现存沉船的实际长度和宽度、文物在船内的分布情况以及船体的保存现状等（彩版 3-44）。本年度因 SARS 肆虐，水下调查工作略受影响。

本年度调查中，先利用物探设备扫测遗址，了解一年来海底堆积情况的变化，还扫测了由沉船地点至海陵岛拟建博物馆区域的海底地貌，并初步调查了附近海底底质情况（彩版 3-45）。水下勘察时，工作人员根据沉船现状，沿船舷边缘渐次抽泥，确定船舷位置，并插钢钎以作标志，用来标示沉船的具体形状。通过后期资料整理，结合水下抽泥施工示意图（图 3-4），以及广州救捞局潜水作业报告，草绘出了船体的大致形状示意图（图 3-5）。

本年度调查的主要收获体现在对沉船遗址各方面资料和数据的进一步提取与完善方面，包括舳向、长、宽、型深；记录了该海域不同深度、不同时间的海洋洋流方向、流速、风玫瑰、涌玫瑰；采集并分析沉船海域的海底泥样本、沉船船体样本，并初步了解了沉船地点到拟建博物馆沿途海域的水深和海底状况等。

彩版 3-44 采集出水船体木样

彩版 3-45 水下抽泥与调查

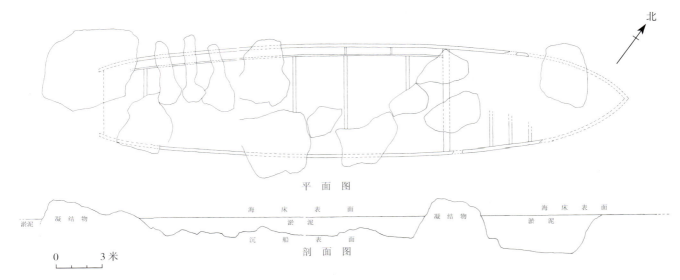

北

平 面 图

海 床 表 面
凝结物 海 床 表 面
淤 泥 淤 泥
凝结物
淤 泥
沉 船 表 面
剖 面 图

0 3米

图 3-4 南海 I 号沉船遗址 2003 年调查平、剖面示意图

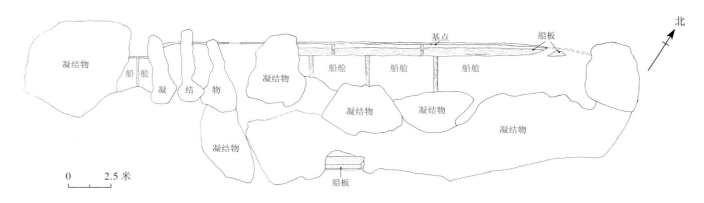

图 3-5　南海 I 号沉船遗址 2003 年调查平面示意图

1．沉船保存现状的调查

由于南海 I 号船骸基本上被淤泥埋没，沉船具体数据采集难度较大。为了改善测量误差，考古队特别设计了一个固定声呐拖鱼的钢性梁架，解决拖鱼游离的定位问题。从浅地层剖面仪的图形分析，该沉船最深处为泥下 5 米，如减去覆盖在沉船之上的 1.00~1.50 米的淤泥，沉船实际型深应为 3.50~4.00 米，与已知的同时期沉船型深相近，数据基本可靠。

沉船长、宽数据只能通过水下抽泥来完成。由于工作周期有限，水下能见度较差，加之遗址回淤速度较快，抽泥出露船舷在第二天往往又被淤泥覆盖，为提高工作效率，改善重复抽泥的状况，考古队采用了标志杆的方法，通过在抽泥出露的船舷旁插上钢钎标杆，间隔一般为 1.00~1.50 米，这样底部虽然会回淤，但从顶部仍可确认已知的船舷长度。通过水下抽泥和探摸，初步确定了沉船长度约为 30、宽约 8 米，与已知的同年代沉船尺寸相近。

2．流速和流向的测定

在获取沉船海域不同层位的洋流数据时，考古队采用连续性、长时间的动态测流方法，每次测流的时间均在六小时以上，尽量接近完成一个半日潮的全过程。首先，将测流计的测流时间调整为 30 秒，即每 30 秒钟出一组数据，包括水流速度和水流方向，获取从 2~24 米水深中 11 个水层的全部数据，以这 11 个数据作为一个周期，再将所有数据横向排列（表 3-1）。由此，总结出每层水深在不同时段的变化规律。

3．沉船方向

由于水下能见度很差，水下罗盘无法判读。经研究，采用测流计上的内置电子罗盘进行方向测量。首先，是在沉船中部抽出一段船舷后，再将测流计平靠在沉船的船舷旁，固定 4 分钟后读取多组数据，待仪器稳定后取最后三个重复的相同数据，即为沉船的精确轴向。由此，测得沉船的轴向为 234°。

4．泥样采集

采集泥样使用管钻方式。由于本次采用的水管孔径太小，采集的泥样不够理想，有的泥样含

表3-1　南海 I 号沉船所在海域水流状况一览表

水深	时间	流速	流向	时间	流速	流向	时间	流速	流向
2 米	10：35	58	304	13：39	54	304	15：42	36	290
4 米	10：37	38	294	13：40	42	288	15：43	28	268
6 米	10：39	32	302	13：41	42	292	15：44	26	262
8 米	10：40	26	300	13：42	36	284	15：45	20	262
10 米	10：42	22	310	13：43	30	276	15：46	16	192
12 米	10：43	24	312	13：44	24	286	15：46	12	172
14 米	10：44	24	320	13：44	14	270	15：47	12	136
16 米	10：45	20	304	13：45	10	012	15：47	30	106
18 米	10：46	20	316	13：45	12	084	15：48	32	108
20 米	10：47	16	328	13：46	12	136	15：49	26	150
22 米	10：51	20	304	13：46	8	172	15：49	12	144

注:（1）测量时间为 2003 年 5 月 22 日;（2）每个深度共有 20 个数据,只取头、中、尾三个时间段的数据列入表中;（3）流速的单位是厘米/秒。

贝壳类杂质太多,有的泥样内有碎木屑,达不到测试的最低量,因此有必要采用更大孔径的水管重新采样。

5．木样采集

本次工作采集的木样具有一定代表性,其下半部埋在淤泥下,保存良好,而上半部暴露在水中,受到了船蛆的严重侵蚀。木样一侧有明显的侧角,应是横档与船板相接部位的船材（彩版 3-44）。

6．航线数据采集

由于整体打捞可行性论证的需要,在完成潜水工作后,考古队对由南海 I 号沉没地点到拟建博物馆存放沉船地点之间沿途进行了物探调查,发现由沉船点到闸坡海域海底状况十分理想。航线水下没有障碍物,沿途水深均在 20 米左右,在近十里银滩约 150 米左右时,水深仍然能有 8~10 米,为今后可能进行的沉船打捞离底后的迁移提供了较好的水文资料。

7．采集遗物情况

由于本年度工作以采集与沉船相关的各类信息数据为主,不进行水下考古发掘,仅采集了少量散落的陶瓷器、铜钱、动物骨骼和凝结物等文物标本。

本次调查采集遗物有瓷器、铜钱、动物骨骼和凝结物等。瓷器有少量青瓷、青白瓷、白瓷、酱黑釉等,另有一些抽泥时过滤出的瓷片（彩版 3-46）。其中,青瓷完整或基本完整者 8 件,胎色灰,质较粗,釉多呈青灰、青黄等,大多釉面泛乳浊无光且无开片（彩版 3-47）。白瓷仅 1 件,质较细。酱黑釉瓷器胎灰色,质较粗,四系罐和小口罐各 1 件。这些瓷器应为福建地区烧造。铜

彩版 3-46　出水瓷片

钱 30 枚，可辨识钱文者有咸平元宝 1 枚、景德元宝 1 枚、祥符元宝 1 枚、天圣元宝 2 枚（楷书、篆书各 1 枚）、熙宁重宝 2 枚、元丰通宝 3 枚、元祐通宝 1 枚、大观通宝 1 枚、宣和通宝 1 枚，另外 17 枚因锈蚀严重而钱文不可辨（1 枚为剪轮钱）。动物骨骼有蛇头骨、哺乳动物脊椎骨等。另外采集含铁质的凝结物 1 块。

四　2004 年沉船环境与工程数据调查

为进一步编制南海 I 号沉船发掘、打捞和保护方案，2004 年度调查工作的重点是全面了解沉船的外部环境、船体埋藏状况、保存现状等各方面情况，收集更为详细的技术数据。本年度工作分为两个阶段进行，第一阶段于 2004 年 5 月 7 日~6 月 11 日开展，南海 I 号沉船水下考古队再次通过水下抽泥、探摸，进一步获取了沉船环境；第二阶段于 9 月份进行，广东省文物考古研究所委托广州打捞局，组织专业工程人员，针对沉船整体打捞所需要的工程数据专门做了一次调查，为沉船的整体打捞做好了基础准备。

彩版 3-47　出水青灰釉盏

1．沉船环境调查

本次调查工作中，仍先以旁侧声呐仪和浅地层剖面仪进行物探调查，并准确定位。然后进行潜水调查，主要手段仍是水下抽泥，在前几次工作基础上，进行更大面积的探摸，本次工作位置集中在沉船的右舷舷外（彩版 3-48）。到本季工作结束时，抽出的舷板长度约为 22 米，船艉部为连接成片的块状凝结物，可能已受到严重损害；船舯部有数块较大的凝结物，其下装载货物的货舱保留着相当数量的文物；船艏部为一块较大的凝结物覆盖。在抽泥期间，由于水深 20 米以下能见度基本为零，只有通过手触探摸的方式进行，以确认沉船的具体部位，未能获取水下影像资料。

根据调查结果显示，沉船船体的右干舷比较明显，基本上呈现为连续性分布。在沉船的东北部近船头方向，有一块大型整木，其横截面为圆角方形，边宽（直径）在 0.50 米以上，

彩版 3-48　水下调查

走向与舷板垂直，推测可能是主桅杆底座。此外，还探摸到了边长约 0.30 米的主龙骨以及与其垂直连接的肋骨等构件。通过此次调查，还探摸到船舷内的船舱中保存着大量瓷器，码放整齐；瓷器之上是大块的铁质凝结物，高度约 0.80~1.00 米，数量较多，从船头到船尾均有一定范围的分布。

在探摸过程中，对船体不同部位的样品进行了采集（彩版 3-49），以作船体木材的强度分析及树种鉴定等；还完成了提取底质泥样（彩版 3-50）、测定海水流向、流速等工作。根据调查探摸情况，绘制了沉船遗址分布示意图（图 3-6），并尝试使用仪器制作遗址的三维图像。此外，考古队在船舷的外侧也发现了大量完整瓷器，且沉船周边的遗物分布范围较广，发现最远一处距沉船遗址有 30 余米，这也为日后沉船整体打捞方案的制订提供了新的依据。

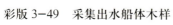
彩版 3-49　采集出水船体木样　　　　　　　　彩版 3-50　钻取遗址周边海底泥样

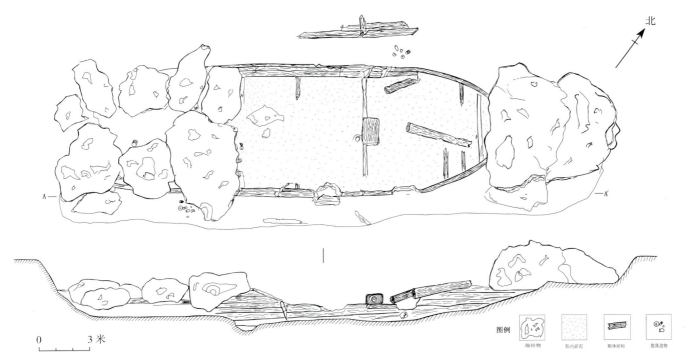

北

图例

凝结物 船内淤泥 船体结构 散落遗物

0   3米

图 3-6   南海 I 号沉船遗址 2004 年调查平、剖面示意图

本次工作以探摸为主，基本上不采集遗物，只是对在抽泥过程中遇到的散落在沉船外围的遗物做了少量采集，包括少量凝结物标本（彩版 3-51）。本年度出水遗物主要是抽泥滤网中的文物（彩版 3-52），类别丰富，有瓷器、金戒指、漆器残片、珠饰等。除了散碎瓷片和铜钱外，采集标本计有 120 余件。其中，以瓷器数量最多（彩版 3-53），有龙泉窑青瓷、景德镇窑青白瓷、德化窑青白瓷（彩版 3-54）、磁灶窑酱黑釉（彩版 3-55）和绿釉瓷（彩版 3-56）、闽清义窑青白瓷和青瓷、福建黑釉盏（彩版 3-57）等；值得注意的是，有的德化窑青白

彩版 3-51   采集出水凝结物标本

瓷罐内套装了多件小瓶（彩版 3-58）。金戒指 3 枚，一枚有 8 个镶嵌珍珠的位置，但仅保留了三枚珍珠（彩版 3-59）；一枚为素面（彩版 3-60）；一枚为镶嵌宝石，镶嵌物已脱落。铜器有铜环 1 件（彩版 3-61）、铜碗 1 件（彩版 3-62）、铜丝 1 件；还有琉璃手镯、砺石、骨制品、木珠（疑为算盘珠）（彩版 3-63）、漆器残片（彩版 3-64）、果核（彩版 3-65）、动物骨骼等。此外，则以铜钱数量最多（彩版 3-66），多达 6000 多枚，类别超过 40 余种，有货泉、五铢、景元通宝、开元通宝、乾元重宝、天汉元宝、周元通宝、唐国通宝、宋元通宝、太平通宝、淳化元宝、至道元宝、咸平元宝、景德元宝、祥符元宝、祥符通宝、天禧通宝、天圣元宝、明道元宝、景祐元宝、景祐通宝、皇宋通宝、皇宋元宝、至和元宝、至和通宝、嘉祐通宝、嘉祐元宝、治平元宝、治平通宝、熙宁重宝、

彩版 3-52　抽泥出水文物　　　　　　　　　　　　　　彩版 3-53　出水瓷器

1. 水注

2. 乳丁纹四系罐　　　　　3. 瓶　　　　　4. 兽纽器盖

5. 莲花形器纽

彩版 3-54　德化窑青白瓷

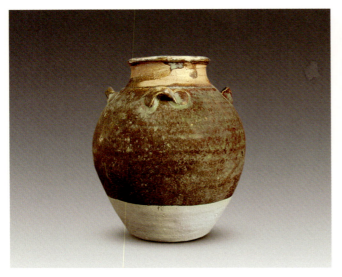

彩版 3-55　磁灶窑酱黑釉罐

1. 盘

2. 盒

3. 炉

彩版 3-56　磁灶窑绿釉瓷

彩版 3-57　福清东张窑黑釉盏

彩版 3-58　德化窑青白瓷罐套装

彩版 3-59　金戒指

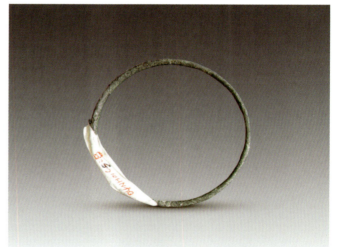

彩版 3-60　金戒指　　　　　　　　　　　彩版 3-61　铜环

彩版 3-62　铜碗

彩版 3-63　木珠

熙宁元宝、元丰通宝、元祐通宝、绍圣元宝、元符通宝、圣宋元宝、崇宁重宝、圣宋通宝、大观通宝、政和通宝、宣和通宝、绍兴元宝、绍兴通宝等，绝大部分是北宋时期年号铜钱，最晚年号是南宋绍兴元宝。

调查工作中，考古队对保留在出泥口滤网中的出水文物进行了采集和重点分析。通过对不同位置的抽泥出水遗物在种类、性质、数量上的量化对比，分析抽泥所在工作面与沉船部位的关系，其与实际探摸获知情况基本吻合。例如从出水文物中的金戒指，推测此位置应该是船尾上层舱室住人或放置贵重物品的地方，联系到大量铜钱基本上是散落在干舷以外，基本上可以肯定是上层舱室自然解体造成的。在抽泥过程中还有一些木胎漆器残片、木珠、饰品等器物共出，这种现象表明该船遗存的文物品种相当丰富。

2．工程数据采集

2004 年 9 月的工程数据采集，是在南海Ⅰ号沉船整体打捞方案已经基本明确的情况

彩版 3-64　漆器残片

彩版 3-65　果核

下[1]，为进一步细化工程方案而进行的相关数据调查。调查中使用的工作母船是广州打捞局所属的专业海洋打捞驳船，船体大、抗风浪性强，如果多锚定位，可以保证钻孔时船身在 4~5 级风浪中不发生移位，抽泥工作时由于船体纵向摇摆幅度小，潜水员在水下易于控制抽泥头，确保不对沉船及船上文物造成损坏。通过此次调查，进一步扩大了抽泥和探摸范围，效率大大提高，沉船的两侧船舷均被抽出，完善了沉船平面尺寸的确认。调查工作中，对海床以下堆积进行了 30 米深的钻探，确认其基本是较为纯净的淤泥，再下面才是粗砂层；还做了回淤试验。

　　通过这次调查，基本上确认了船头和船尾的位置，艏艉长 23.85、最大宽度 9.58 米，艏艉凝结物间距 13.9 米。沉船的型深则从遗址范围内布设的纵横主线的最外围向下抽泥，船底因内收严重而有危险时停止下抽，根据已采集的数据推算出深度。由此，绘制出了南海 I 号沉船示意图（图 3-7），进一步完善了整体打捞方案。此次调查，还对沉船地点至拟建博物馆海

彩版 3-66　出水铜钱

域进行了物探扫测，寻找全潜驳的沉放点，终在抵达海陵岛十里银滩，在拟定建博物馆外距岸约 600~700 米处找到了泥沙底质，顺利完成了南海 I 号沉船的前期调查工作。

---

　　[1] 吴建成、孙树民：《"南海 I 号"古沉船整体打捞方案》，《广东造船》2004 年第 3 期，第 69~72 页。

　　在经历了2001~2004年的先后七次水下考古调查与试掘后，通过多次讨论，并委托相关机构做了木船整体打捞模拟试验[1]，最终在2005年编制了整体打捞和原址发掘两套发掘方案并上报国家文物局进行专家论证（彩版3-67）。2006年，由广东省文化厅、交通部广州打捞局、中国国家博物馆共同上报的南海Ⅰ号沉船遗址整体打捞方案获得国家文物局批准。2007年12月22日，南海Ⅰ号沉船遗址整体打捞出水（彩版3-68），并在12月28日移驻广东海上丝绸之路博物馆[2]。漫长的过程与等待，终于使得这一沉睡于海底近千年的古船，有望得以展现那华丽的转身瞬间。

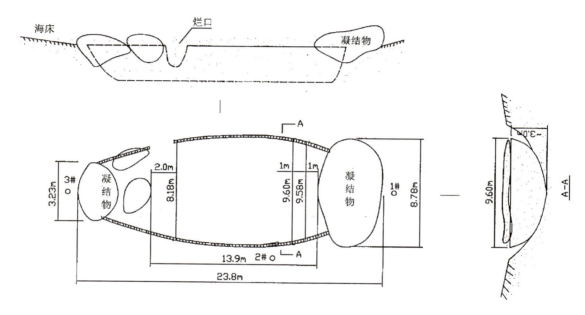

图3-7　南海Ⅰ号沉船遗址2004年水下探摸示意图

彩版3-67　南海Ⅰ号沉船发掘方案专家论证会

彩版3-68　南海Ⅰ号沉船整体起吊出水

　　[1] 孙树民：《古代木质沉船整体打捞技术》，《广东造船》2008年第1期，第28~31页。

　　[2] 吴建成、张永强：《"南海Ⅰ号"古沉船的整体打捞》，《中国航海》2008年第31卷第4期，第383~387、399页；吴建成、孙树民、张永强：《"南海Ⅰ号"古沉船整体打捞技术操作》，《航海工程》2008年第37卷第4期，第65~68页。

第四章　出水遗物

　　1989 年至 2004 年，南海 I 号沉船遗址前期水下考古调查出水遗物共计 4700 多件（组），以陶瓷器为主，还有金环、银锭、铜环、铜钱等金属器；另有数量较多的铜钱，达 6000 余枚；还有一些大、小不等的各类遗物的凝结物。目前，这批出水遗物大部分入藏中国国家博物馆，共计 3048 件（组），铜钱 145 枚（含钱文不可辨识者）；其余出水遗物原存于广东省文物考古研究所、阳江市博物馆，现已移交至广东海上丝绸之路博物馆。本报告出水遗物即刊布现藏于中国国家博物馆的出水文物。

第一节　陶瓷器

　　出水遗物以陶瓷器数量最多，共计 3042 件（组），器物品种丰富，类别多样，有龙泉窑青瓷，景德镇窑青白瓷，德化窑青白瓷，闽清义窑青白瓷和青瓷，磁灶窑黑瓷、酱釉瓷、青瓷和绿釉瓷，还有少量的闽北窑口龙泉窑系青瓷、福清东张窑黑瓷等，多为日常生活用器。以下按瓷器产地和品种分类介绍。

一　龙泉窑青瓷

　　龙泉窑青瓷器共 410 件。器类以青瓷碗为主，还有少量青瓷盏、盘、碟、钵。

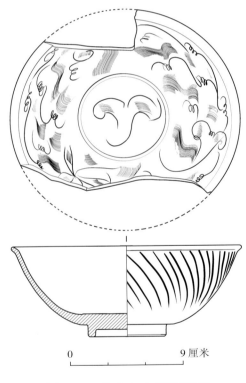

图 4-1　龙泉窑 A 型青瓷碗
（02NH01T2020：595）

1. 碗

378 件。

根据口沿形状，分两型。

A 型　1 件。

　　侈口。器形较大。尖圆唇，弧腹，较深，内底边缘微凹，有凹痕一周，平底，圈足较高，挖足较浅，足沿外侧斜削，足墙较直，外底较平。胎色灰，质细密。通体施青釉，足内无釉，釉层较薄，釉面光洁莹润，开少许浅纹片，足部有手蘸釉痕迹。内腹壁刻缠枝花卉纹，内底心刻花卉纹，均以细篦划纹填充花叶，刻划均较浅；外壁口沿下至腹下部浅刻斜向纹饰，分布较密。

　　标本 02NH01T2020：595，口径 18.3、足径 5.8、高 7.4 厘米（图 4-1；彩版 4-1）。

彩版 4-1　青瓷碗 02NH01T2020：595

B 型　377 件。

敞口。器形相同，大小略有差异。圆唇，弧腹，较深，内底边缘微凹，底较平，圈足较高，挖足较浅，沿较宽，足沿外侧斜削，足外墙一般较直，内墙多斜削，外底较平，底心较平或微凸。胎色灰，质细密。通体施青釉，釉呈色略不同，有的泛黄，有的淡青，有的泛灰黄，一些器物不同位置色泽亦不均匀，外壁口沿下多见有流釉痕迹，足沿也多流釉，外底无釉，部分可见手持圈足蘸釉痕迹，釉层较薄，釉面大多光洁莹润，部分器物开细碎纹片。此型器物外壁素面无纹，一般可见多道轮旋修坯痕迹；内壁绝大多数饰有刻划花纹，有牡丹花纹、莲荷纹、花瓣状纹、团花纹、卷云纹、水波纹等，少数素面无纹。根据器物内壁装饰纹样的不同，分九亚型。

Ba 型　2 件。

内壁素面无纹。

标本 02NH01T2019：939，内底平，圈足挖足浅，内墙斜削，外底心微凸。青釉色不匀，部分泛黄，足沿有流釉，釉面光洁莹润，开细碎纹片。口径 16.6、足径 6.1、高 7.1 厘米（彩版 4-2）。

标本 02NH01T2021：297，内底边缘下凹，底平，圈足外墙较直，内墙斜削，外底心微凸。外壁上端可见有流釉痕迹，釉厚处色较深，内底心及外壁口沿处开浅纹片。外底有垫烧痕迹。口径 16.7、足径 5.8、高 7.0 厘米（彩版 4-3）。

彩版 4-2 青瓷碗 02NH01T2019：939

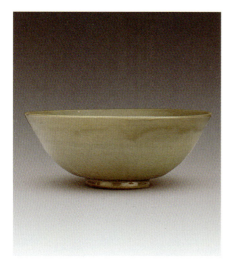

彩版 4-3 青瓷碗 02NH01T2021：297

Bb 型 11 件。

内底、内壁均刻牡丹纹。器形较大。内壁口沿下浅刻一道凹弦纹，腹部刻两朵缠枝牡丹纹，内底心刻一枝牡丹花，花瓣、叶片内填以细篦划纹，刻纹较浅，线条流畅自然，刀法娴熟。外底心见有垫烧痕迹。

标本 02NH01T2019：708，内、外底均平。青釉色泽较淡，略泛黄，外壁口沿下可见流釉痕迹。口径 19.1、足径 6.3、高 7.7 厘米（图 4-2，1；彩版 4-4）。

标本 02NH01T2019：718，青釉色泽较淡，外壁不匀，上腹部有流釉痕迹，釉厚处略泛黄。口径 19.0、足径 6.2、高 7.6 厘米（图 4-2，2；彩版 4-5）。

标本 02NH01T2019：719，釉色泛黄，外壁口沿下有流釉痕迹，色泛灰。口径 19.2、足径 6.8、高 8.0 厘米（彩版 4-6）。

标本 02NH01T2019：730，釉色略泛黄，釉层薄，外壁上腹部流釉痕迹明显，釉面可见多处

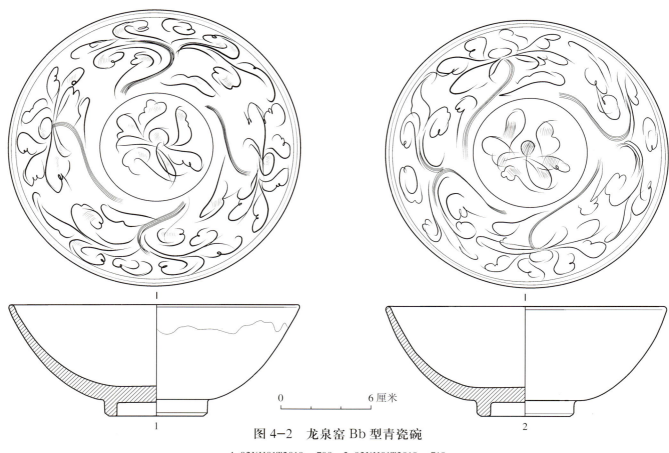

0　　　　　6厘米

图 4-2　龙泉窑 Bb 型青瓷碗
1.02NH01T2019：708　2.02NH01T2019：718

彩版 4-4　青瓷碗 02NH01T2019：708

彩版 4-5　青瓷碗 02NH01T2019：718

彩版 4-6　青瓷碗 02NH01T2019：719

彩版 4-7　青瓷碗 02NH01T2019：730

彩版 4-8　青瓷碗 02NH01T2019：731

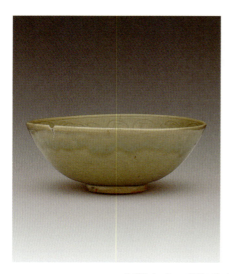

彩版 4-9　青瓷碗 02NH01T2019：733

缩釉斑点，开细长浅纹片。内底心牡丹纹简洁。口径 19.2、足径 6.2、高 8.0 厘米（彩版 4-7）。

标本 02NH01T2019：731，釉色较淡，外壁口沿下有流釉痕迹，釉厚处色略深。口径 19.1、足径 6.2、高 8.2 厘米（彩版 4-8）。

标本 02NH01T2019：733，青釉较淡，略泛黄。外腹部粘有渣粒。口径 18.8、足径 6.4、高 7.9 厘米（彩版 4-9）。

标本 02NH01T2019：738，外壁腹部釉面开稀疏纹片。牡丹花纹刻划细腻。口径 19.2、足径 6.4、高 8.1 厘米（彩版 4-10）。

Bc 型　7 件。

内底、内壁均刻莲纹。器形较大。内壁口沿下浅刻一道凹弦纹，腹部刻两组缠枝莲纹，每组两朵荷花成束而成，内底心则刻一朵荷花，刻纹较浅，线条流畅自然，刀法娴熟。

标本 02NH01T2019：382，底较平，圈足沿平，外侧微削。釉色浅淡，泛黄。口径 18.8、足径 6.5、高 8.0 厘米（图 4-3，1；彩版 4-11）。

标本 02NH01T2019：754，内底边缘刮削凹纹较深，内、外底较平，圈足沿外侧斜削。釉色浅淡，外壁口沿下有积釉痕迹。外底粘有渣粒，垫烧痕迹明显。口径 18.3、足径 6.1、

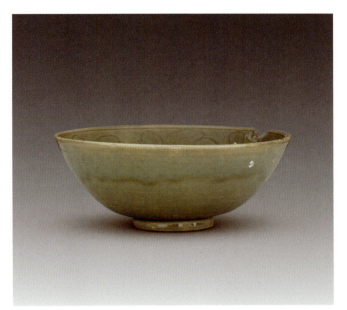

彩版 4-10　青瓷碗 02NH01T2019：738

图 4-3　龙泉窑 Bc 型青瓷碗

1. 02NH01T2019：382　2. 02NH01T2019：754

高 7.8 厘米（图 4-3，2；彩版 4-12）。

标本 02NH01T2019：379，内、外底平，圈足沿较平，外侧微削。青釉泛黄。口径 18.8、足径 6.4、高 8.4 厘米（彩版 4-13）。

标本 02NH01T2019：755，圈足沿较平，外侧微削。釉色浅淡，釉层薄，釉面光洁莹润。内壁莲纹刻划细腻。口径 19.1、足径 6.5、高 8.0 厘米（彩版 4-14）。

标本 02NH01T2019：757，内底边缘刻凹纹较深，圈足外墙较直，底平。外腹近底端可见浅跳

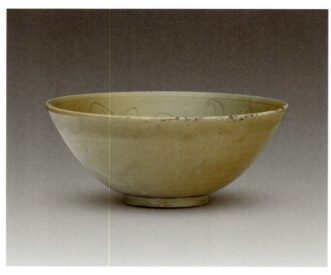
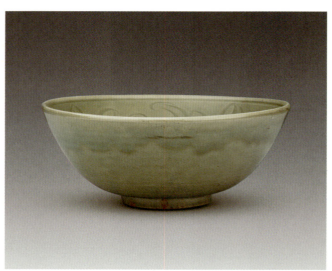

彩版 4-11　青瓷碗 02NH01T2019：382　　　　　彩版 4-12　青瓷碗 02NH01T2019：754

彩版 4-13　青瓷碗 02NH01T2019：379

彩版 4-14　青瓷碗 02NH01T2019：755

刀痕迹。釉色浅淡，釉面有黑褐色小斑点。口径 19.2、足径 6.2、高 8.1 厘米（彩版 4-15）。

　　标本 02NH01T2019∶1093，外壁轮旋修坯痕迹明显。釉色浅淡，釉面可见小缩釉斑。外腹部有一处烧造前遗留的疤缺。口径 18.8、足径 6.3、高 7.9 厘米（彩版 4-16）。

　　标本 02NH01T2019∶1094，圈足挖足较浅，足沿较平，沿外侧微削。胎色灰，质细密。釉色浅淡。外壁粘连有白色海生物斑块。口径 18.8、足径 6.3、高 8.1 厘米（彩版 4-17）。

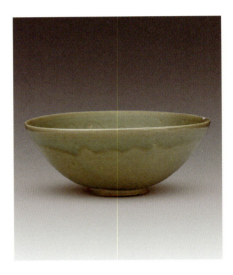

彩版 4-15　青瓷碗 02NH01T2019∶757

彩版 4-16　青瓷碗 02NH01T2019∶1093

彩版 4-17 青瓷碗 02NH01T2019∶1094

Bd 型 54 件。

内壁口沿下有的浅刻一道凹弦纹，腹部刻莲花荷叶纹，有的刻两朵折枝莲花和一片荷叶纹，有的刻两朵折枝莲花和两片荷叶纹，花、叶相间分布，有的刻三朵折枝莲花纹，花叶茎部则以细划纹渲染而成；内底刻卷云状纹或四瓣状花纹，有的器物腹壁的莲荷花纹则延伸至内底。刻纹较浅，线条流畅自然，刀法娴熟。器形大小略有差异。

标本 02NH01T2019∶338，釉色淡青，釉层薄，釉面光洁莹润，开细碎纹片，外壁有少量缩釉棕眼。外底露胎处色泛黄。内壁腹部刻两朵折枝莲花和一片荷叶纹，内底刻卷云状花纹。口径 19.2、足径 6.6、高 8.3 厘米（图 4-4，1；彩版 4-18）。

彩版 4-18 青瓷碗 02NH01T2019∶338

图 4-4　龙泉窑 Bd 型青瓷碗

1. 02NH01T2019：338　　2. 02NH01T2019：358

　　标本 02NH01T2019：358，釉色淡青，釉面开细碎纹片。内壁腹部刻两朵折枝莲花和一片荷叶纹，内底刻浅四瓣状花纹。口径 19.1、足径 6.7、高 8.2 厘米（图 4-4，2；彩版 4-19）。

　　标本 02NH01T2019：361，釉色泛灰，釉面光润，开细碎纹片，并有乳白色结晶斑点。内壁腹部刻两朵折枝莲花和一片荷叶纹，内底刻卷云状纹。外底无釉处色泛褐，外底心垫烧痕迹明显。口径 19.0、足径 6.5、高 8.3 厘米（图 4-5，1；彩版 4-20）。

　　标本 02NH01T2019：372，釉色泛灰，釉面光润，开细碎纹片，并有较多乳白色结晶斑块，流动感强。内壁腹部刻两朵折枝莲花和一片荷叶纹，内底刻卷云状纹。外底无釉处色泛褐。口径 20.0、足径 6.8、高 8.5 厘米（图 4-5，2；彩版 4-21）。

　　标本 02NH01T2019：380，釉色呈淡青色，釉面可见缩釉斑点，外壁开稀疏纹片。内壁腹部刻两朵折枝莲花和一片荷叶纹，内底刻卷云状纹。外底心见有垫烧痕迹。口径 19.7、足径 6.9、高 8.4 厘米（图 4-6，1；彩版 4-22）。

　　标本 02NH01T2019：704，釉色不匀，部分泛黄，釉面光洁莹润。内壁口沿下浅刻一道凹弦纹，内壁腹部刻两朵折枝莲花和两片荷叶纹，呈覆叶状，腹壁花叶延伸至内底。口径 18.1、足径 6.3、高 7.6 厘米（图 4-6，2；彩版 4-23）。

彩版 4-19　青瓷碗 02NH01T2019：358

彩版 4-20　青瓷碗 02NH01T2019：361

0　　　　　　6 厘米

图 4-5　龙泉窑 Bd 型青瓷碗

1. 02NH01T2019：361　2. 02NH01T2019：372

彩版 4-21　青瓷碗
02NH01T2019：372

彩版 4-22　青瓷碗
02NH01T2019：380

彩版 4-23　青瓷碗
02NH01T2019：704

图 4-6　龙泉窑 Bd 型青瓷碗

1. 02NH01T2019：380　2. 02NH01T2019：704

标本 02NH01T2019：716，内底边缘凹纹较深，底平，圈足挖足较浅，沿较宽，足沿外侧斜削。釉色不匀，部分泛黄。内壁口沿下浅刻一道凹弦纹，内壁腹部刻两朵折枝莲花和两片荷叶纹，呈覆叶状，腹壁花叶延伸至内底。口径 19.0、足径 7.0、高 8.0 厘米（图 4-7，1；彩版 4-24）。

标本 02NH01T2019：1042，器形略小，口部变形。圈足挖足较浅，沿较宽，内外侧斜削。釉色泛黄，釉面光洁莹润。内壁腹部刻三朵折枝莲花纹，内底刻简化花卉纹，线条简洁流畅。口径 15.8、足径 5.3、高 7.0 厘米（图 4-7，2；彩版 4-25）。

标本 02NH01T2019：1087，器形略小，内底边缘凹纹较深，圈足挖足浅，沿较宽，足沿外侧斜削，足外墙较直，内墙斜削，外底心微凸。釉色略泛黄，外壁釉面开细碎纹片。内壁腹部刻莲荷纹，为两朵折枝莲花纹和一片荷叶，内底刻简化花卉纹，线条简洁。口径 16.0、足径 6.0、高 6.9 厘米（图 4-8，1；彩版 4-26）。

标本 02NH01T2020：78，口部变形，内底边缘凹纹较深，内底心微隆，外底平。釉色泛黄，釉层较薄，釉面光洁莹润，开细碎纹片。内壁口沿下浅刻一道凹弦纹，腹部刻三朵折枝莲花纹，花茎连接紧密，内底刻卷云状纹，刻纹清晰。口径 18.0、足径 6.6、高 7.9 厘米（图 4-8，2；彩版 4-27）。

图 4-7　龙泉窑 Bd 型青瓷碗

1. 02NH01T2019：716　　2. 02NH01T2019：1042

彩版 4-24　青瓷碗 02NH01T2019：716

彩版 4-25 青瓷碗 02NH01T2019：1042

图 4-8 龙泉窑 Bd 型青瓷碗

1.02NH01T2019：1087 2.02NH01T2020：78

彩版 4-26　青瓷碗 02NH01T2019：1087

彩版 4-27　青瓷碗 02NH01T2020：78

　　标本 02NH01T2019：37，内、外底平。外壁轮旋修坯痕迹明显。釉色不匀，部分泛黄。内壁口沿下浅刻一道凹弦纹，腹部刻两朵折枝莲花和两片荷叶纹，呈覆叶状，腹壁花叶延伸至内底，刻纹较浅。口径 19.5、足径 6.4、高 8.2 厘米（彩版 4-28）。

　　标本 02NH01T2019：40，器物变形。釉色较浅而不匀，釉面有灰斑和缩釉斑点。内壁腹部刻两朵折枝莲花和两片荷叶纹，叶片上仰，内底刻卷云状纹，刻纹较深。口径 18.8、足径 6.3、高 8.6

彩版 4-28 青瓷碗 02NH01T2019：37

彩版 4-29 青瓷碗 02NH01T2019：40

厘米（彩版 4-29）。

标本 02NH01T2019：69，口部变形。釉色泛黄，外壁可见缩釉斑点。内壁口沿下浅刻一道凹弦纹，腹部刻两朵折枝莲花和两片荷叶纹，呈覆叶状，腹壁花叶延伸至内底，刻纹浅。口径19.2、足径 6.1、高 7.9 厘米（彩版 4-30）。

标本 02NH01T2019：72，敞口，微外撇，内底边缘凹纹较深，内底心微隆，圈足挖足较浅，足沿外侧斜削。釉色不匀，部分泛黄或泛灰，底足部分流釉而泛黄。内壁口沿下浅刻一道凹弦纹，腹部刻两朵折枝莲花和两片荷叶纹，呈覆叶状，腹壁花叶延伸至内底，刻纹清晰。外底心垫烧痕迹明显。口径 18.8、足径 6.6、高 8.1 厘米（彩版 4-31）。

　　标本 02NH01T2019：77，圈足挖足浅，足沿外侧斜削，沿较宽，底心微凸。外壁轮旋修坯痕迹明显。釉色不匀，部分泛黄。内壁口沿下浅刻一道凹弦纹，腹部刻两朵折枝莲花和两片荷叶纹，呈覆叶状，腹壁花叶延伸至内底，刻纹清晰。口径 18.8、足径 6.7、高 8.0 厘米（彩版 4-32）。

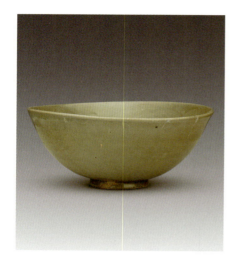

彩版 4-30　青瓷碗 02NH01T2019：69

彩版 4-31　青瓷碗 02NH01T2019：72

标本 02NH01T2019：244，釉色呈淡青色，釉面开大小不同的细碎纹片，外底有流釉。内壁腹部刻两朵折枝荷花和一片荷叶纹，内底刻卷云状纹。外底心见有垫烧痕迹。口径 19.4、足径 6.8、高 8.1 厘米（彩版 4-33）。

标本 02NH01T2019：302，釉色泛灰黄，足沿有流釉，釉面有小缩釉斑点，略泛乳浊质感，开细纹片。内壁腹部刻两朵折枝荷花和一片荷叶纹，内底刻卷云状纹。口径 18.5、足径 6.4、高 8.2 厘米（彩版 4-34）。

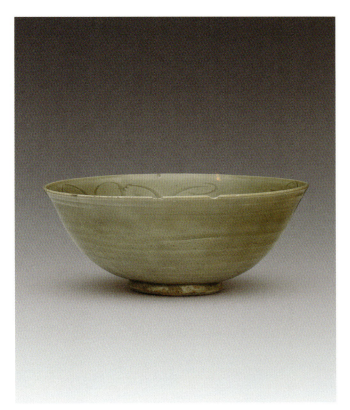

彩版 4-32　青瓷碗 02NH01T2019：77

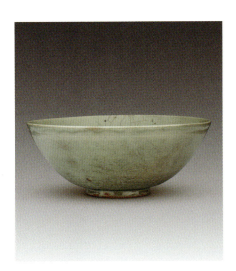

彩版 4-33　青瓷碗 02NH01T2019：244

标本 02NH01T2019：315，釉色泛黄。内壁口沿下浅刻一道凹弦纹，腹部刻两朵折枝莲花和两片荷叶纹，叶片上仰，内底刻四瓣状花纹，刻纹清晰。口径 18.8、足径 6.4、高 8.5 厘米（彩版 4-35）。

标本 02NH01T2019：350，釉色淡青，外口沿下、足沿及外底有流釉，釉面开细碎纹片，有少量小棕眼。内壁腹部刻两朵折枝荷花和一片荷叶纹，内底刻四瓣状花纹。口径 19.1、足径 6.8、高 8.7 厘米（彩版 4-36）。

标本 02NH01T2019：351，圈足挖足较浅，外沿侧斜削较多，沿较窄。釉色淡青，釉面开稀疏纹片，外壁有缩釉斑点处色泛黄。内壁腹部刻两朵折枝荷花和一片荷叶纹，内底刻卷云状纹，刻纹较浅。口径 19.0、足径 6.4、高 8.2 厘米（彩版 4-37）。

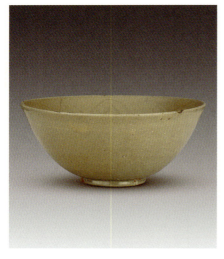

彩版 4-34　青瓷碗 02NH01T2019：302

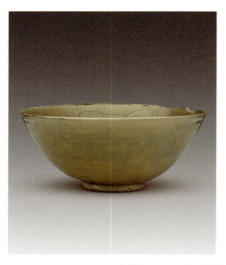

彩版 4-35　青瓷碗 02NH01T2019：315

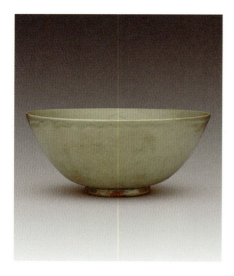

彩版 4-36　青瓷碗 02NH01T2019：350

标本 02NH01T2019：352，圈足挖足较浅，足沿外侧斜削，内墙斜削。釉色呈淡青，釉面开细碎纹片。内壁腹部刻两朵折枝荷花和一片荷叶纹，内底刻卷云状纹，刻纹浅。口径 19.2、足径 6.7、高 8.4 厘米（彩版 4-38）。

标本 02NH01T2019：362，圈足较高，挖足浅，足沿外侧斜削较多，沿较窄，外底平。釉色呈淡青，足沿及外底有流釉，釉面光洁莹润，略泛乳浊质感，开细碎纹片，有少量缩釉棕眼。内壁腹部刻两朵折枝荷花和一片荷叶纹，内底刻卷云状纹，刻纹浅。口径 19.2、足径 6.7、高 8.5 厘米（彩版 4-39）。

彩版 4-37　青瓷碗 02NH01T2019：351

彩版 4-38　青瓷碗 02NH01T2019：352

彩版 4-39　青瓷碗 02NH01T2019：362

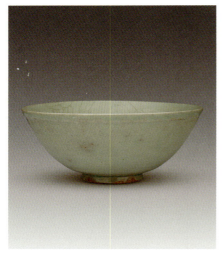

彩版 4-40　青瓷碗 02NH01T2019：366

彩版 4-41　青瓷碗 02NH01T2019：367

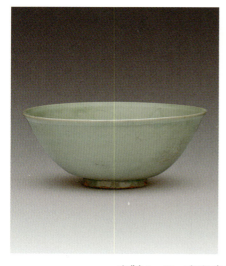

彩版 4-42　青瓷碗 02NH01T2019：368

标本 02NH01T2019：366，圈足挖足浅，沿外侧斜削。外壁口沿下有一道刮削痕。釉色泛淡青，釉面开细碎纹片。内壁腹部刻两朵折枝荷花和一片荷叶纹，内底刻卷云状纹，刻纹较浅。外底无釉处色泛黄褐，外底心见有垫烧痕迹。口径 19.2、足径 6.6、高 8.2 厘米（彩版 4-40）。

标本 02NH01T2019：367，釉色呈淡青，釉面光洁莹润，略泛乳浊质感，有黑褐色缩釉斑点。内壁腹部刻两朵折枝荷花和一片荷叶纹，内底刻卷云状纹，刻纹浅。外底心见有垫烧痕迹。口径 18.8、足径 6.5、高 8.2 厘米（彩版 4-41）。

标本 02NH01T2019：368，圈足挖足浅，足沿外侧微削，沿较宽。外壁口沿下有刮痕一道。釉色泛淡青，足底流釉明显，釉面开稀疏细纹片，有缩釉斑痕。内壁口沿下浅刻一道凹弦纹，腹部刻两朵折枝荷花和一片荷叶纹，内底刻卷云状纹，刻纹浅。外底无釉处色泛黄褐。口径 19.0、足径 6.8、高 8.1 厘米（彩版 4-42）。

标本 02NH01T2019：369，圈足挖足浅，足沿外侧斜削。釉色泛灰，釉面光润，开细碎纹片，内外均分布有大面积乳白色结晶斑。内壁口沿下浅刻一道凹弦纹，腹部刻两朵折枝荷花和一片荷叶纹，内底刻卷云状纹，刻纹清晰。口径

19.2、足径 6.8、高 8.3 厘米（彩版 4-43）。

标本 02NH01T2019：370，圈足挖足浅，足沿外侧斜削较多。釉色泛灰，釉面开细碎纹片，并有较多乳白色结晶斑。内壁口沿下浅刻一道凹弦纹，腹部刻两朵折枝荷花和一片荷叶纹，内底刻卷云状纹。外底无釉处色泛褐。口径 19.6、足径 6.6、高 8.7 厘米（彩版 4-44）。

标本 02NH01T2019：371，圈足挖足浅，足沿外侧斜削较多。釉色泛灰，釉面开细碎纹片，开片处呈灰黑色，并有较多乳白色结晶斑。内壁口沿下浅刻一道凹弦纹，腹部刻两朵折枝荷花和一片

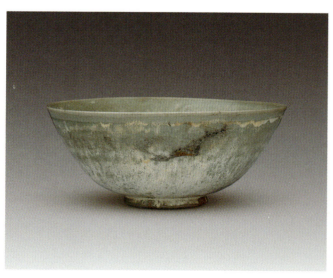
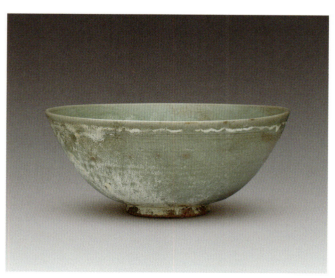

彩版 4-43　青瓷碗 02NH01T2019：369　　　　　彩版 4-44　青瓷碗 02NH01T2019：370

荷叶纹，内底刻卷云状纹。外底无釉处色泛褐。口径 19.4、足径 6.6、高 8.3 厘米（彩版 4-45）。

标本 02NH01T2019：703，釉色泛淡青，釉面开细碎纹片，有少量缩釉斑点。内壁腹部刻两朵折枝荷花和一片荷叶纹，内底刻卷云状纹。外底心见有垫烧痕迹。口径 18.9、足径 6.5、高 8.1 厘米（彩版 4-46）。

标本 02NH01T2019：706，釉色淡青，釉面开细碎纹片，外壁有小缩釉斑点。内壁腹部刻两朵折枝荷花和一片荷叶纹，内底刻卷云状纹，刻纹较浅。外底心见有垫烧痕迹。口径 18.9、足径 6.8、高 8.6 厘米（彩版 4-47）。

标本 02NH01T2019：727，内底边缘凹纹较深，内底心微隆，圈足较高，挖足较浅，足沿外侧微削，沿较宽，外底心微凸。外壁腹部可见数道较长的修坯跳刀痕。釉色不匀，部分泛黄。内壁口沿下浅刻一道凹弦纹，腹部刻两朵折枝莲花和两片荷叶纹，呈覆叶状，花叶延伸至内底，刻纹清晰。外底心见有垫烧痕迹。口径 18.8、足径 6.4、高 8.2 厘米（彩版 4-48）。

彩版 4-45　青瓷碗 02NH01T2019：371

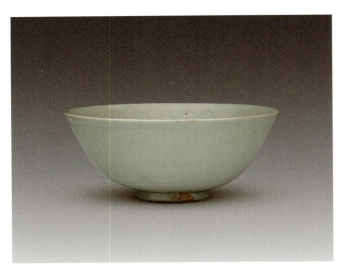

彩版 4-46　青瓷碗 02NH01T2019：703

彩版 4-47　青瓷碗 02NH01T2019：706

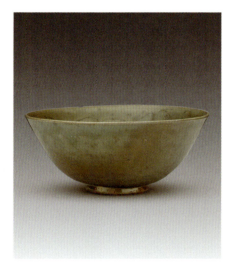

彩版 4-48　青瓷碗 02NH01T2019：727　　　　彩版 4-49　青瓷碗 02NH01T2019：865

标本 02NH01T2019：865，釉色泛淡青。内壁口沿下浅刻一道凹弦纹，腹部刻两朵折枝莲花和一片荷叶纹，内底刻卷云状纹，刻纹较浅。口径 19.0、足径 6.5、高 8.3 厘米（彩版 4-49）。

标本 02NH01T2019：866，釉色泛淡青，釉面开细碎纹片，有少量缩釉斑点。底足无釉处色泛黄褐。内壁口沿下浅刻一道凹弦纹，腹部刻两朵折枝莲花和一片荷叶纹，内底刻卷云状纹，刻纹浅。外底心见有垫烧痕迹。口径 18.8、足径 6.8、高 8.3 厘米（彩版 4-50）。

标本 02NH01T2019：870，釉色泛淡青，釉面开稀疏纹片，有少量缩釉斑。内壁口沿下浅刻一道凹弦纹，腹部刻两朵折枝莲花和一片荷叶纹，内底刻卷云状纹，刻纹较浅。口径 19.0、足径 6.7、高 8.4 厘米（彩版 4-51）。

标本 02NH01T2019：874，釉色泛淡青，釉面开细碎纹片，外壁有缩釉斑点。内壁口沿下浅刻

彩版 4-50　青瓷碗 02NH01T2019：866

彩版 4-51　青瓷碗 02NH01T2019：870

一道凹弦纹，腹部刻两朵折枝莲花和一片荷叶纹，内底刻卷云状纹，刻纹较浅。外底无釉处色泛黄，外底心见有垫烧痕迹。口径 18.8、足径 6.5、高 8.7 厘米（彩版 4-52）。

标本 02NH01T2019：876，釉色泛淡青，釉面光洁莹润，有少量缩釉斑点。内壁口沿下浅刻一道凹弦纹，腹部刻两朵折枝莲花和一片荷叶纹，内底刻卷云状纹。外底无釉处色泛褐，外底心见有垫烧痕迹。口径 18.8、足径 6.5、高 8.0 厘米（彩版 4-53）。

标本 02NH01T2020：76，圈足挖足浅，足沿外侧微削，沿较宽，外底平。釉色泛黄，釉面开细碎纹片。内壁口沿下浅刻一道凹弦纹，腹部刻三朵折枝莲花纹，花枝连接紧密，内底刻四瓣花卉纹。口径 18.6、足径 6.2、高 6.0 厘米（彩版 4-54）。

标本 02NH01T2020：80，尖圆唇，内底边缘凹纹较深，内、外底较平。外壁近底部可见修坯时的浅跳刀痕。釉色泛黄，足沿和外底无釉，釉面光洁莹润。内壁腹部刻三朵折枝莲花纹，花枝连接紧密，内底刻卷云状纹，刻纹较深。外底心见有垫烧痕迹。口径 18.6、足径 6.5、高 7.8 厘米（彩版 4-55）。

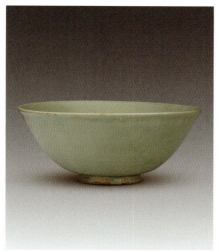

彩版 4-52　青瓷碗 02NH01T2019：874　　　　　　　　彩版 4-53　青瓷碗 02NH01T2019：876

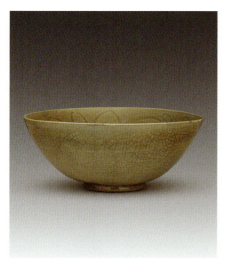

彩版 4-54　青瓷碗 02NH01T2020：76

彩版 4-55　青瓷碗 02NH01T2020：80

Be 型　164 件。

内壁口沿下一般浅刻一道凹弦纹，有的刻纹不明显。腹壁刻莲花荷叶纹，有的刻两朵折枝莲花和两片荷叶纹，花、叶相间分布；有的刻两朵折枝莲花和一片荷叶纹；有的仅刻两朵折枝莲花纹；有的刻三朵折枝莲花纹，花、茎弯曲相随。刻纹以深浅变化渲染出装饰效果，花叶茎部一般以三道细刻纹浅刻而成。内底心无花纹。刻纹较浅，线条流畅自然，刀法娴熟。器形大小略有差异，第一类多略大，其余三类略小。根据腹壁刻纹不同，又分四小类。

第一小类　75 件。

内腹壁刻两朵折枝莲花和两片荷叶纹，其中有一件则刻为三朵折枝莲花和一片荷叶纹。器形一般较大，个别略小。

标本 02NH01T2019：39，釉色微泛黄，釉面光洁莹润。腹部莲荷纹刻为三朵折枝莲花和一片荷叶，荷叶上仰，花叶茎部相连。内底落有渣粒。口径 19.1、足径 6.4、高 8.4 厘米（图 4-9，1；彩版 4-56）。

标本 02NH01T2019：44，圈足挖足浅，足沿外侧微削，沿较宽。釉色泛黄，釉面开冰裂纹片。腹部刻两朵折枝莲花和两片荷叶，呈覆叶状，线条较浅。口径 18.7、足径 6.3、高 7.9 厘米（图 4-9，2；彩版 4-57）。

标本 02NH01T2019：47，釉色泛黄，釉面莹润，有少许缩釉斑点。荷叶呈覆叶状。底足露胎处呈火石红，外底心见垫烧痕迹。口径 18.5、足径 6.5、高 8.1 厘米（图 4-10，1；彩版 4-58）。

图 4-9 龙泉窑 Be 型青瓷碗

1. 02NH01T2019：39   2. 02NH01T2019：44

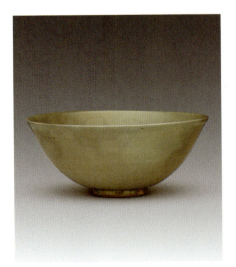  

彩版 4-56 青瓷碗 02NH01T2019：39

彩版 4-57　青瓷碗 02NH01T2019：44　　　　　　　彩版 4-58　青瓷碗 02NH01T2019：47

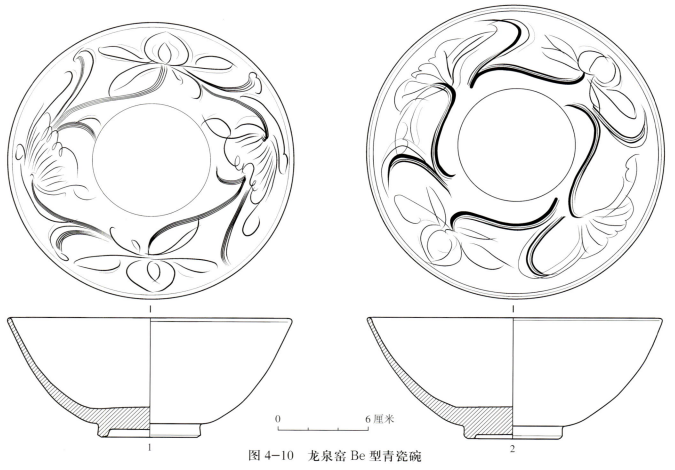

0　　　　　6 厘米

图 4-10　龙泉窑 Be 型青瓷碗

1. 02NH01T2019：47　　2. 02NH01T2019：65

标本 02NH01T2019 : 65，釉色不匀，部分泛黄，釉面开稀疏纹片。荷叶上仰。外底心垫烧痕迹明显。口径 19.4、足径 6.5、高 8.2 厘米（图 4-10，2；彩版 4-59）。

标本 02NH01T2019 : 313，足沿外侧斜削，外底较平，并有多道刮修痕。釉色泛黄，釉面有灰褐色斑点。荷叶呈覆叶状，刻纹清晰。口径 18.7、足径 6.9、高 7.8 厘米（图 4-11，1；彩版 4-60）。

彩版 4-59　青瓷碗 02NH01T2019 : 65

0　　　　　　6 厘米

图 4-11　龙泉窑 Be 型青瓷碗

1. 02NH01T2019 : 313　2. 02NH01T2019 : 869

标本 02NH01T2019：869，釉色不匀，部分泛黄，釉面开稀疏冰裂纹片。荷叶呈覆叶状，刻纹较浅。外底心垫烧痕迹明显。口径 18.7、足径 6.5、高 8.0 厘米（图 4-11，2；彩版 4-61）。

标本 02NH01T2021：229，器形略小。圈足挖足浅，沿较宽。莲叶上仰，刻纹清晰。口径 15.8、足径 5.6、高 6.6 厘米（图 4-12，1；彩版 4-62）。

标本 02NH01T2019：43，釉色浅淡，足内有釉，并有数道刮釉痕，釉面有缩釉斑痕，斑块处色浅泛褐。荷叶上仰，刻纹浅。口径 19.0、足径 6.2、高 8.3 厘米（彩版 4-63）。

标本 02NH01T2019：55，釉色泛黄，釉面光亮，有灰斑。荷叶呈覆叶状，刻纹较浅。口径 19.0、足径 6.6、高 8.1 厘米（彩版 4-64）。

标本 02NH01T2019：51，釉色不匀，部分泛黄，釉面有少许灰色斑点。荷叶呈覆叶状，刻纹清晰。口径 18.8、足径 6.3、高 8.1 厘米（彩版 4-65）。

标本 02NH01T2019：70，口部变形。釉色泛灰，釉面光洁莹润。荷叶呈覆叶状，刻纹浅而纤细。外壁见有轮旋修坯痕迹明显。口径 18.8、足径 6.2、高 8.2 厘米（彩版 4-66）。

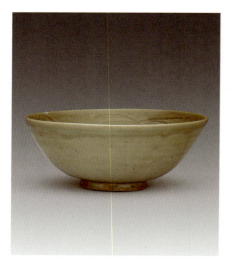

彩版 4-60　青瓷碗 02NH01T2019：313

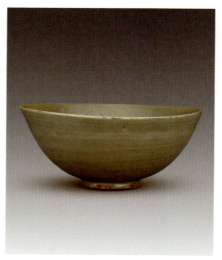
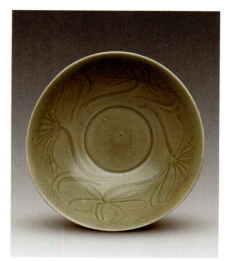

彩版 4-61　青瓷碗 02NH01T2019：869

彩版 4-62　青瓷碗 02NH01T2021：229

图 4-12 龙泉窑 Be 型青瓷碗

1. 02NH01T2021：229 2. 02NH01T2019：1067

彩版 4-63 青瓷碗 02NH01T2019：43

彩版 4-64　青瓷碗 02NH01T2019：55

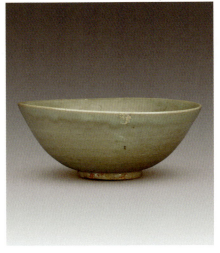

彩版 4-65　青瓷碗 02NH01T2019：51　　　　　　　彩版 4-66　青瓷碗 02NH01T2019：70

标本 02NH01T2019：71，釉色泛黄，釉面开稀疏纹片，有小缩釉斑点。荷叶呈覆叶状，刻纹浅。外底露胎处呈火石红色，外底心垫烧痕迹明显，腹部粘有渣粒。口径 18.6、足径 6.2、高 7.6 厘米（彩版 4-67）。

标本 02NH01T2019：300，釉色不匀，部分泛黄，釉面开细碎纹片。荷叶上仰。口径 18.6、足径 6.1、高 7.8 厘米（彩版 4-68）。

标本 02NH01T2019：301，釉色不匀，泛黄，内底、外腹底部釉层较厚，釉厚处色浅淡而呈青翠色，釉面光洁莹润，开冰裂纹片。荷叶呈覆叶状，刻纹清晰。口径 18.5、足径 6.6、高 7.9 厘米（彩版 4-69）。

标本 02NH01T2019：303，釉色不匀，部分泛黄，釉面有小灰斑点。荷叶呈覆叶状，刻纹较浅。口径 18.6、足径 6.4、高 8.0 厘米（彩版 4-70）。

标本 02NH01T2019：305，釉色泛黄，釉面有少量缩釉斑点，开稀疏大纹片。荷叶呈覆叶状。

彩版 4-67　青瓷碗 02NH01T2019：71

彩版 4-68　青瓷碗 02NH01T2019：300

彩版 4-69　青瓷碗 02NH01T2019：301

底足露胎处呈火石红色，外底心见有垫烧痕迹。口径18.7、足径6.4、高8.0厘米（彩版4-71）。

标本02NH01T2019：310，釉色泛黄，釉面开细碎纹片。荷叶呈覆叶状，刻纹较浅。外腹近底端有跳刀痕，外底心见有垫烧痕迹。口径18.8、足径6.4、高7.8厘米（彩版4-72）。

标本02NH01T2019：339，釉色不匀，部分泛黄，釉面开冰裂纹片。荷叶呈覆叶状，刻纹清晰。外壁见有轮旋修坯凹痕数道，外底心粘有垫烧具残块。口径19.2、足径6.3、高8.4厘米（彩版4-73）。

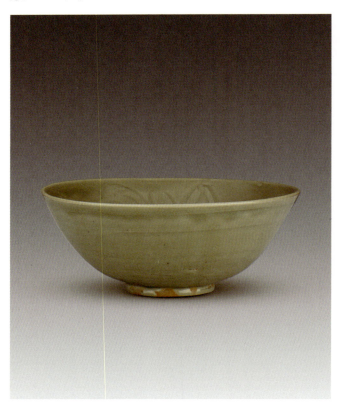

彩版4-70　青瓷碗 02NH01T2019：303

彩版4-71　青瓷碗 02NH01T2019：305

彩版 4-72　青瓷碗 02NH01T2019：310

彩版 4-73　青瓷碗 02NH01T2019：339

标本 02NH01T2019：340，釉色不匀，外腹底端积釉较厚，釉面光洁莹润，开冰裂纹片。荷叶呈覆叶状，刻纹清晰。口径 19.2、足径 6.4、高 7.9 厘米（彩版 4-74）。

标本 02NH01T2019：343，釉色泛黄，釉面光洁莹润。荷叶呈覆叶状，刻纹清晰。内底落有一渣粒，外底心见有垫烧痕迹。口径 18.8、足径 6.4、高 8.1 厘米（彩版 4-75）。

标本 02NH01T2019：345，釉色泛黄，色不匀，釉层较厚，外壁近底处积釉，釉面光洁莹润，开有细碎冰裂纹片。荷叶呈覆叶状。口径 19.5、足径 6.5、高 8.0 厘米（彩版 4-76）。

标本 02NH01T2019：364，釉色泛灰青，釉层较厚，釉面莹润，有小缩釉斑，开细碎冰裂纹片。荷叶呈覆叶状，刻纹浅。外底心粘有垫烧具残块。口径 19.0、足径 6.6、高 8.2 厘米（彩版4-77）。

标本 02NH01T2019：381，釉色不匀，釉厚处泛黄，釉层上部薄，底部较厚，釉面光洁莹润，开细碎冰裂纹片，内底及外腹近底端开片极细。荷叶呈覆叶状，刻纹浅细。外底心垫烧痕迹明显。口径 18.8、足径 6.5、高 8.2 厘米（彩版 4-78）。

彩版 4-74　青瓷碗 02NH01T2019：340

彩版 4-75　青瓷碗 02NH01T2019：343

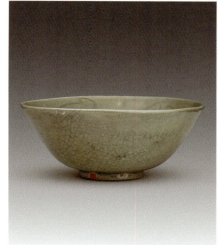

彩版 4-76　青瓷碗 02NH01T2019：345　　　　　　　彩版 4-77　青瓷碗 02NH01T2019：364

彩版 4-78　青瓷碗 02NH01T2019：381

标本 02NH01T2019：709，釉色不匀，有灰斑，釉薄处泛黄，外底心部分有流釉，内底心有缩釉斑。荷叶上仰。口径 19.2、足径 6.4、高 8.3 厘米（彩版 4-79）。

标本 02NH01T2019：710，釉色泛青翠，釉层较厚，釉面光洁莹润，开细碎冰裂纹片。荷叶呈覆叶状，刻纹较浅。外底心垫烧痕迹明显。口径 18.6、足径 6.5、高 8.4 厘米（彩版 4-80）。

标本 02NH01T2019：711，釉色泛黄，色不匀，足沿及外底无釉，釉面光洁莹润，开冰裂纹片。

彩版 4-79　青瓷碗 02NH01T2019：709

彩版 4-80　青瓷碗 02NH01T2019：710

荷叶呈覆叶状，刻纹较浅。口径 18.8、足径 6.5、高 8.0 厘米（彩版 4-81）。

标本 02NH01T2019：715，釉色不匀，部分泛黄，釉面开细碎冰裂纹片。荷叶呈覆叶状，刻纹较浅。外底心见有垫烧痕迹，粘有渣粒。口径 18.8、足径 6.6、高 8.2 厘米（彩版 4-82）。

标本 02NH01T2019：863，釉色部分泛黄，釉面开细碎纹片。荷叶呈覆叶状，刻纹浅。外底心见有垫烧痕迹。口径 18.2、足径 6.6、高 8.0 厘米（彩版 4-83）。

标本 02NH01T2019：920，器形略小。釉色浅淡匀净，釉面开稀疏纹片，有少许小的缩釉斑点。腹壁刻莲荷纹，莲花茎较短，荷叶似卷云纹，纹样简化，两两相间分布，刻纹较浅。口径 16.0、足径 5.6、高 7.0 厘米（彩版 4-84）。

标本 02NH01T2019：1058，器形略小。釉色泛黄，色浅，釉面有小缩釉斑点。内口沿下浅刻凹弦纹一道，腹壁刻莲荷纹，莲花短茎，荷叶似卷云，纹样简化，两两相间分布，刻纹较浅。外壁轮旋修坯痕迹明显。外底心有垫烧痕迹。口径 16.2、足径 5.7、高 7.0 厘米（彩版 4-85）。

标本 02NH01T2019：1067，器形略小。圈足沿较宽，外侧斜削。釉色泛灰白，足沿有流釉，

彩版 4-81　青瓷碗 02NH01T2019：711

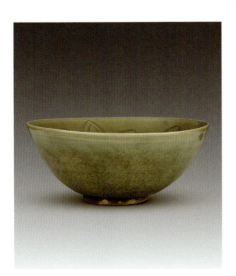

彩版 4-82　青瓷碗 02NH01T2019：715

彩版 4-83　青瓷碗 02NH01T2019：863

彩版 4-84　青瓷碗 02NH01T2019：920

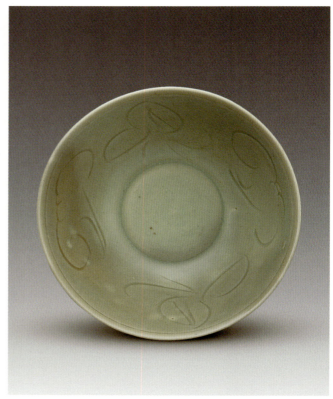

彩版 4-85　青瓷碗 02NH01T2019：1058

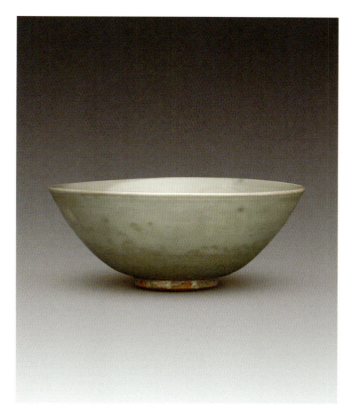

彩版 4-86　青瓷碗 02NH01T2019：1067

釉层较薄，釉面光洁莹润。腹壁刻莲荷纹，莲花短茎，荷叶似卷云，纹样简化，两两相间分布，刻纹浅。口径 16.0、足径 5.5、高 6.8 厘米（图 4-12，2；彩版 4-86）。

第二小类　35 件。

内壁刻两朵折枝莲花和一片荷叶纹，刻纹较浅，布局疏朗。器形一般略小。

标本 02NH01T2019：341，器形较大。圈足挖足浅，足沿外侧斜削，沿较宽，外底心微凸。釉色不匀，部分泛黄，釉面开稀疏大冰裂纹片。刻纹较浅。口径 18.5、足径 6.7、高 8.0 厘米（图 4-13，1；彩版 4-87）。

标本 02NH01T2019：949，釉色较浅，足沿流釉，釉面光洁。口径 16.4、足径 5.6、高 6.7 厘米（图 4-13，2；彩版 4-88）。

标本 02NH01T2019：1013，釉色浅淡，足沿流釉，釉层较薄，釉面光洁莹润。刻纹浅。外底有垫烧痕迹。口径 16.3、足径 6.1、高 6.9 厘米（图 4-14，1；彩版 4-89）。

标本 02NH01T2019：1030，圈足挖足较浅，沿较宽，足沿外侧斜削，外底较平，底心微凸。釉色微泛黄，足沿有流釉，釉面开冰裂纹片。刻纹清晰。外底心垫烧痕迹明显。口径 15.8、足径 6.0、高 6.7 厘米（图 4-14，2；彩版 4-90）。

标本 02NH01T2019：1057，尖圆唇，圈足挖足浅，沿较宽，足沿外侧斜削，内墙斜削。外壁腹部有细长修坯时留下的跳刀痕迹。釉色不匀，部分泛黄，部分呈淡青色，釉面光洁。刻纹浅。口径 15.9、足径 5.9、高 7.0 厘米（图 4-15，1；彩版 4-91）。

图 4-13　龙泉窑 Be 型青瓷碗

1.02NH01T2019：341　　2.02NH01T2019：949

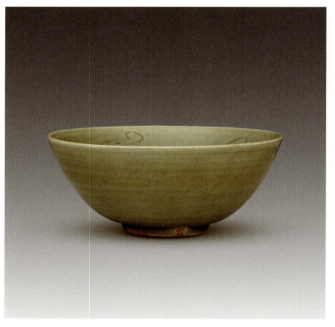

彩版 4-87　青瓷碗 02NH01T2019：341

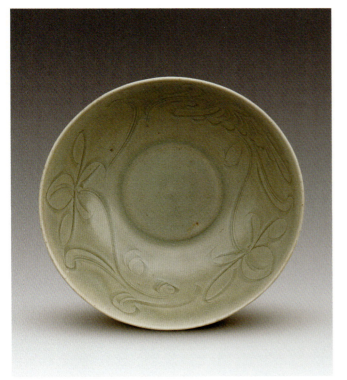

彩版 4-88 青瓷碗 02NH01T2019：949　　　　彩版 4-89 青瓷碗 02NH01T2019：1013

0　　　　　　6厘米

图 4-14 龙泉窑 Be 型青瓷碗

1.02NH01T2019：1013　　2.02NH01T2019：1030

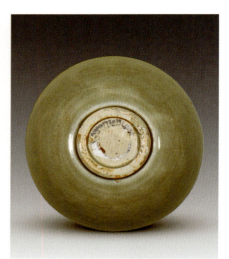

彩版 4-90　青瓷碗 02NH01T2019：1030

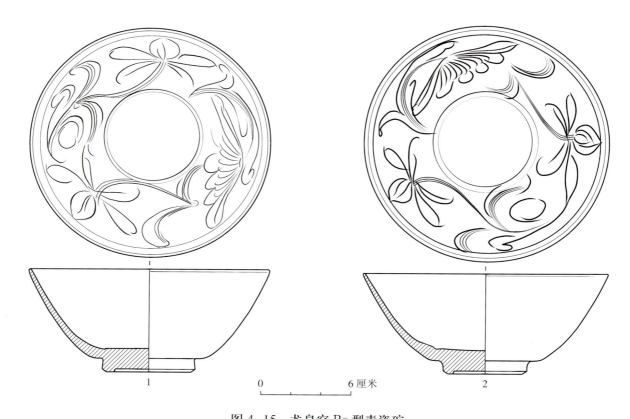

图 4-15　龙泉窑 Be 型青瓷碗

1. 02NH01T2019：1057　　2. 02NH01T2019：1060

　　标本 02NH01T2019：1060，釉色不匀，部分泛黄，足沿流釉，釉面开稀疏细碎纹片。刻纹清晰。口径 16.2、足径 5.5、高 6.8 厘米（图 4-15，2；彩版 4-92）。

　　标本 02NH01T2021：301，釉色泛淡青，内底边缘积釉处色较深，足沿有流釉，釉面开冰裂纹片。内底有渣粒，外底有垫烧痕迹。口径 16.2、足径 6.0、高 7.1 厘米（图 4-16；彩版 4-93）。

彩版 4-91 青瓷碗 02NH01T2019：1057

彩版 4-92 青瓷碗 02NH01T2019：1060

0   6 厘米

图 4-16 龙泉窑 Be 型青瓷碗
（02NH01T2021：301）

彩版 4-93 青瓷碗 02NH01T2021：301

标本02NH01T2019：348，器形较大。圈足挖足浅，足沿外侧斜削，沿较宽。釉色不匀，釉面开细密纹片。外底心垫烧痕迹明显。口径19.0、足径6.4、高8.1厘米（彩版4-94）。

标本02NH01T2019：864，圈足沿较宽。釉色泛黄不匀，釉面开细碎纹片，有少许白色结晶斑。刻纹浅细。外底心见有垫烧痕迹。口径18.8、足径6.7、高8.0厘米（彩版4-95）。

标本02NH01T2019：933，釉色泛淡青，内底边缘积釉处色略深，足沿有流釉，釉面开冰裂纹片。刻纹清晰。外底垫烧痕迹明显。口径16.4、足径5.5、高6.9厘米（彩版4-96）。

标本02NH01T2019：953，釉色匀净，足沿有流釉，釉面光洁莹润。刻纹较浅。口径16.2、足径5.6、高7.3厘米（彩版4-97）。

标本02NH01T2019：997，圈足挖足浅，沿较宽。釉色不匀，部分泛黄，足沿流釉，釉面开细碎纹片，釉泛黄处开片极为细密。刻纹浅。口径16.0、足径6.3、高7.3厘米（彩版4-98）。

标本02NH01T2019：1020，釉色不匀，部分泛黄，釉面开稀疏纹片，有少许小的缩釉斑点。刻纹清晰。外底心垫烧痕迹明显，外壁粘有渣粒。口径15.8、足径5.8、高6.4厘米（彩版

彩版4-94　青瓷碗02NH01T2019：348　　彩版4-95　青瓷碗02NH01T2019：864　　彩版4-96　青瓷碗02NH01T2019：933

彩版4-97　青瓷碗02NH01T2019：953　　　　　彩版4-98　青瓷碗02NH01T2019：997

4-99）。

标本 02NH01T2019：1032，釉色泛黄不匀，釉面开稀疏纹片。刻纹浅。口径 16.4、足径 5.7、高 7.1 厘米（彩版 4-100）。

标本 02NH01T2019：1044，釉色不匀，部分泛黄，釉面开细碎纹片，有少许小的缩釉斑点。刻纹浅。外底心垫烧痕迹明显。口径 15.8、足径 5.8、高 7.2 厘米（彩版 4-101）。

标本 02NH01T2019：1055，内底边缘釉层较厚，色较深，釉面光洁莹润，开细碎纹片。刻纹清晰。外壁口沿下有一道修坯痕。口径 16.7、足径 6.0、高 6.9 厘米（彩版 4-102）。

标本 02NH01T2019：1064，釉色不匀，部分泛黄，内底边缘处釉层较厚，色较深，釉面开细碎纹片。刻纹清晰。口径 16.5、足径 5.8、高 6.6 厘米（彩版 4-103）。

标本 02NH01T2019：1070，圈足挖足浅，沿较宽。釉色不匀，部分泛黄，釉面开细碎纹片，有少许小的缩釉斑点。刻纹浅细。口径 16.7、足径 6.0、高 6.9 厘米（彩版 4-104）。

标本 02NH01T2019：1074，釉色泛淡青，内底边缘积釉处色较深，足沿有流釉，釉面开细碎

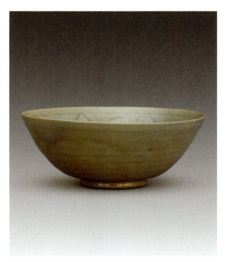

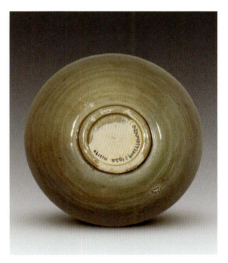

彩版 4-99 青瓷碗 02NH01T2019：1020

彩版 4-100 青瓷碗 02NH01T2019：1032

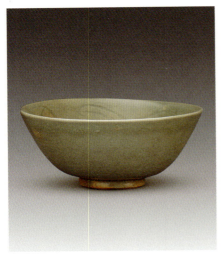

彩版 4-101　青瓷碗 02NH01T2019：1044

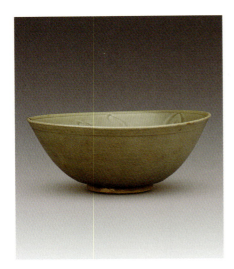

彩版 4-102　青瓷碗 02NH01T2019：1055

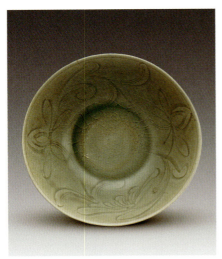

彩版 4-103　青瓷碗 02NH01T2019：1064　　　　彩版 4-104　青瓷碗 02NH01T2019：1070

冰裂纹片。外壁腹部有轮旋修坯痕迹。外底垫烧痕迹明显。口径 16.0、足径 5.8、高 6.9 厘米（彩版 4-105）。

标本 02NH01T2021：303，釉色泛黄匀净，釉层薄，釉面光洁莹润。刻纹清晰。外底心垫烧痕迹明显。口径 15.8、足径 5.6、高 6.7 厘米（彩版 4-106）。

彩版 4-105　青瓷碗 02NH01T2019：1074

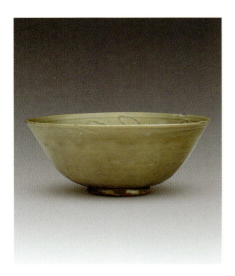

彩版 4-106　青瓷碗 02NH01T2021：303

第三小类　45 件。

内腹壁刻两朵折枝莲花纹，弯曲连续，布局疏朗。器形略小。

标本 02NH01T2019：926，圈足挖足浅，沿较宽，外底心微凸。釉色较浅淡，部分泛黄，釉面开稀疏纹片。刻纹较浅。口径 15.9、足径 5.5、高 6.5 厘米（图 4-17，1；彩版 4-107）。

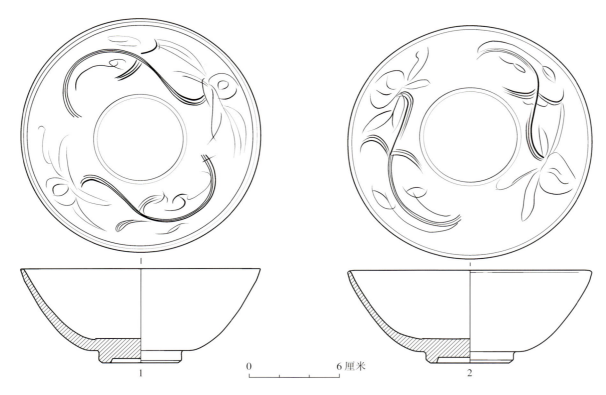

0 　　　　　 6 厘米

图 4-17　龙泉窑 Be 型青瓷碗

1. 02NH01T2019：926　2. 02NH01T2019：928

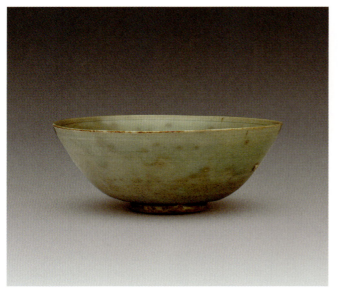

彩版 4-107　青瓷碗 02NH01T2019：926

标本 02NH01T2019：928，釉色不匀，部分泛灰黄，足沿有流釉，釉面开稀疏纹片。刻纹浅，线条细。口径 16.2、足径 5.7、高 6.4 厘米（图 4-17，2；彩版 4-108）。

标本 02NH01T2019：995，圈足沿宽，较平。釉色浅淡，呈淡青色，足沿及外底无釉，釉层薄，釉面光洁莹润，有少许褐色缩釉斑。刻纹清晰。外腹壁轮旋修坯痕迹明显。口径 16.5、足径 5.2、高 7.0 厘米（图 4-18，1；彩版 4-109）。

彩版 4-108　青瓷碗 02NH01T2019：928

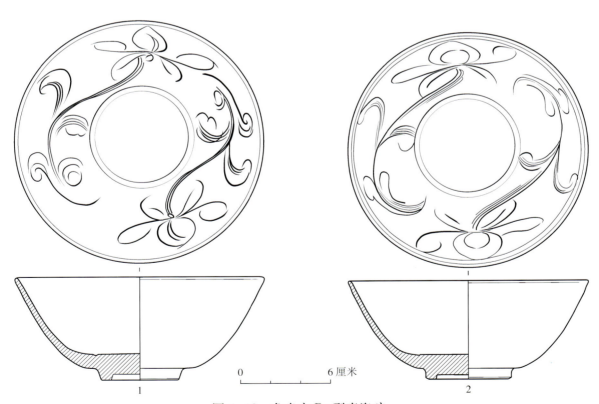

图 4-18　龙泉窑 Be 型青瓷碗

1. 02NH01T2019：995　2. 02NH01T2019：1027

彩版 4-109　青瓷碗 02NH01T2019：995

彩版 4-110　青瓷碗 02NH01T2019：1027

　　标本 02NH01T2019：1027，圈足沿宽，较平。釉色部分泛黄，足沿及外底无釉处泛青灰色，釉面开细碎纹片。刻纹浅，线条较细。外底垫烧痕迹明显。足沿、外壁近底端有磕缺，应为粘连渣粒所致。口径 15.9、足径 5.5、高 6.7 厘米（图 4-18，2；彩版 4-110）。

　　标本 02NH01T2019：1035，釉色不匀，部分泛黄，釉面光洁莹润，部分开稀疏纹片。刻纹清晰。口径 15.7、足径 5.6、高 6.8 厘米（图 4-19，1；彩版 4-111）。

图 4-19　龙泉窑 Be 型青瓷碗

1. 02NH01T2019：1035　　2. 02NH01T2019：1053

彩版 4-111　青瓷碗 02NH01T2019：1035

标本 02NH01T2019：1053，釉色不匀，部分泛黄，釉层薄，釉面莹润，开少许稀疏纹片，内底有缩釉斑。刻纹清晰。口径 15.7、足径 5.5、高 6.7 厘米（图 4-19，2；彩版 4-112）。

标本 02NH01T2019：1088，圈足沿较宽。釉色匀净，釉层薄，釉面光洁莹润，口沿内外开细纹片。刻纹清晰。外腹壁有多道轮旋修坯痕。外底心垫烧痕迹明显。口径 16.1、足径 5.6、高 6.9厘米（图 4-20；彩版 4-113）。

彩版 4-112　青瓷碗 02NH01T2019：1053

图 4-20　龙泉窑 Be 型青瓷碗
（02NH01T2019：1088）

彩版 4-113　青瓷碗 02NH01T2019：1088

标本 02NH01T2019：931，釉色匀净，釉面光洁莹润，开稀疏纹片。外底心垫烧痕迹明显。口径 16.2、足径 5.5、高 7.0 厘米（彩版 4-114）。

标本 02NH01T2019：950，圈足沿较宽。釉色不匀，釉面开细碎纹片。刻纹浅，线条细。口径 15.8、足径 5.6、高 7.0 厘米（彩版 4-115）。

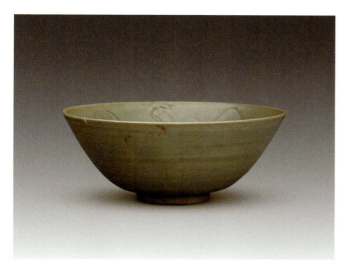

彩版 4-114　青瓷碗 02NH01T2019：931

彩版 4-115　青瓷碗 02NH01T2019：950

　　标本 02NH01T2019：951，圈足沿较宽，足沿外侧斜削。釉色匀净，足沿有流釉，釉层较薄，釉面光洁莹润。刻纹浅，线条细。外底垫烧痕迹明显。口径 15.9、足径 5.7、高 7.1 厘米（彩版 4-116）。

　　标本 02NH01T2019：1007，釉色不匀，部分泛黄，足沿有流釉，釉面开稀疏大纹片。刻纹清晰。外底垫烧痕迹明显。口径 15.9、足径 5.5、高 7.0 厘米（彩版 4-117）。

彩版 4-116　青瓷碗 02NH01T2019：951

彩版 4-117　青瓷碗 02NH01T2019：1007

彩版 4-118　青瓷碗 02NH01T2019：1011

　　标本 02NH01T2019：1011，圈足沿较宽，外侧斜削。釉色浅淡，呈淡青色，足沿及外底有流釉，釉面开稀冰裂纹片。刻纹清晰。外底有垫烧痕迹。口径 16.2、足径 5.7、高 6.6 厘米（彩版4-118）。

标本 02NH01T2019：1014，圈足沿较宽，外侧斜削。釉色泛灰，足沿有流釉，釉面光洁莹润，部分开细碎纹片。刻纹浅，线条细。外底心有修坯刮痕。口径 16.0、足径 5.5、高 6.3 厘米（彩版4-119）。

标本 02NH01T2019：1017，釉色不匀，部分泛黄，釉面开稀疏纹片，外壁有小缩釉棕眼和泛黄色斑块。刻纹清晰。外壁口沿下一道修坯痕。口径 15.9、足径 5.6、高 6.9 厘米（彩版4-120）。

标本 02NH01T2019：1023，釉色泛黄，釉面光洁，开稀疏纹片。刻纹清晰。口径 15.8、足径 5.5、高 6.8 厘米（彩版4-121）。

标本 02NH01T2019：1024，圈足沿较宽，外侧斜削。釉色浅淡，足沿及外底边缘有少许流釉，釉面有稀疏开片，外壁有小缩釉斑。刻纹浅，线条细。口径 16.2、足径 5.6、高 6.8 厘米（彩版4-122）。

标本 02NH01T2019：1037，釉色泛黄，釉面光洁莹润，有少量小缩釉斑。刻纹清晰。外腹壁

彩版 4-119　青瓷碗 02NH01T2019：1014　　　　　　彩版 4-120　青瓷碗 02NH01T2019：1017

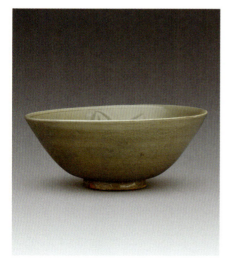

彩版 4-121　青瓷碗 02NH01T2019：1023

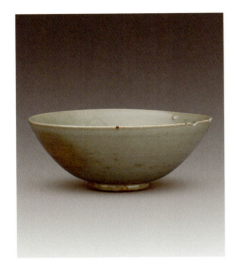

彩版 4-122　青瓷碗 02NH01T2019：1024

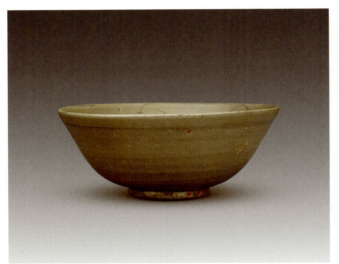

彩版 4-123　青瓷碗 02NH01T2019：1037

可见多道轮旋修坯痕。外底垫烧痕迹明显。口径 15.9、足径 5.7、高 6.7 厘米（彩版 4-123）。

标本 02NH01T2019：1051，釉色泛灰白，釉层薄，釉面开稀疏纹片，有小缩釉斑点。刻纹较浅。口径 16.2、足径 5.8、高 6.7 厘米（彩版 4-124）。

标本 02NH01T2019：1069，釉色匀净，釉面光洁莹润。刻纹较浅，线条较细。外底心有垫烧痕迹。口径 16.0、足径 5.6、高 6.8 厘米（彩版 4-125）。

标本 02NH01T2019：1073，釉色不匀，部分泛黄，足沿有流釉，外底无釉，釉面光洁莹润，釉色泛黄处开细碎纹片。外底垫烧痕迹明显。口径 15.6、足径 5.6、高 7.2 厘米（彩版 4-126）。

标本 02NH01T2019：1090，釉色泛黄，外底无釉，露胎处泛青灰色，釉层较薄，釉面光洁莹润。刻纹清晰。外底边缘挖足痕迹明显。口径 15.8、足径 6.3、高 6.5 厘米（彩版 4-127）。

标本 02NH01T2021：232，内底边缘凹痕较深。釉色不匀，部分泛黄，釉面光洁莹润，口沿、腹底端开细碎纹片。刻纹清晰。口径 16.0、足径 5.2、高 6.9 厘米（彩版 4-128）。

彩版 4-124 青瓷碗 02NH01T2019：1051

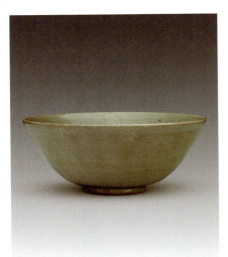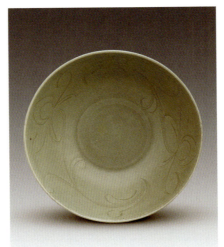

彩版 4-125 青瓷碗 02NH01T2019：1069

彩版 4-126 青瓷碗 02NH01T2019：1073　　　　彩版 4-127 青瓷碗 02NH01T2019：1090

彩版 4-128　青瓷碗 02NH01T2021：232

第四小类　9件。

内壁腹部刻三朵折枝荷花纹，弯曲相连，布局疏朗，线条流畅，刀法娴熟。器形大小略有差异。

标本 02NH01T2019：68，器形较大。釉色泛黄，色不匀，釉面有泛灰色斑点，内壁开稀疏纹片，外壁纹片细碎。刻纹较浅，刻纹处釉色泛灰。足底露胎处泛火石红色，外底心见有垫烧痕迹。口径 18.6、足径 6.4、高 7.9 厘米（彩版 4-129）。

彩版 4-129　青瓷碗 02NH01T2019：68

标本 02NH01T2019：342，器形较大。釉呈淡青色，色泽淡雅，釉面光洁莹润，外腹底端及足沿釉薄处呈灰褐色斑。刻纹清晰。外壁可见多道轮旋修坯痕迹。外底心垫烧痕迹明显。口径 19.0、足径 6.0、高 8.1 厘米（彩版 4-130）。

标本 02NH01T2019：787，圈足挖足较浅，沿较宽。釉色浅淡，足沿及外底有流釉，釉面有灰斑和小缩釉斑。刻纹浅，线条细。外底垫烧痕迹明显。口径 16.2、足径 5.5、高 6.9 厘米（彩版 4-131）。

彩版 4-130　青瓷碗 02NH01T2019：342

彩版 4-131　青瓷碗 02NH01T2019：787

标本 02NH01T2019：792，圈足较高，沿较宽。釉色不匀，部分泛黄，外底无釉，釉面开细碎纹片。刻纹清晰。外壁的轮旋修坯痕迹明显。口径 14.5、足径 5.6、高 6.7 厘米（图 4-21，1；彩版 4-132）。

标本 02NH01T2019：1016，圈足挖足较浅，沿较宽。釉色不匀，部分泛黄、泛灰，足沿及外底无釉，釉面开细碎纹片。刻纹清晰。口径 16.0、足径 5.7、高 7.1 厘米（图 4-21，2；彩版 4-133）。

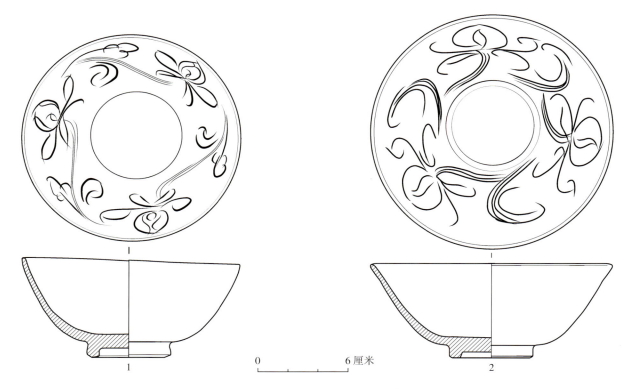

0　　　　　　　6 厘米

图 4-21　龙泉窑 Be 型青瓷碗

1. 02NH01T2019：792　2. 02NH01T2019：1016

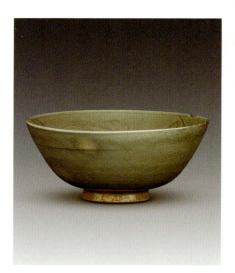

彩版 4-132　青瓷碗 02NH01T2019：792

标本 02NH01T2019：1061，圈足沿较宽。釉色泛黄，足沿有流釉，釉层较薄，釉面光洁莹润。刻纹清晰。外底垫烧痕迹明显。口径 16.0、足径 5.4、高 6.5 厘米（彩版 4-134）。

标本 02NH01T2021：231，釉色较浅，足沿有流釉，釉面光洁，开稀疏纹片。刻纹清晰。外底垫烧痕迹明显。口径 16.0、足径 5.6、高 6.9 厘米（彩版 4-135）。

彩版 4-133　青瓷碗 02NH01T2019：1016

彩版 4-134　青瓷碗 02NH01T2019：1061

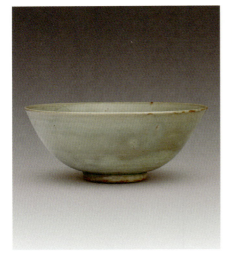

彩版 4-135　青瓷碗 02NH01T2021：231

Bf 型　22 件。

内壁口沿下至腹浅刻出六瓣葵花状纹，上端刻葵口状双线，六花瓣间隔为三道曲线，呈"S"状，花瓣内均刻卷云纹，口沿下相邻花瓣衔接处向两侧浅刻出凹痕；内底心刻一朵五瓣团花纹。刻纹较浅，线条疏朗，流畅自然，刀法娴熟。

标本 02NH01T2019：59，釉色不匀，部分泛黄，釉面开稀疏纹片。刻纹清晰。口径 18.9、足径 6.3、高 8.3 厘米（图 4-22，1；彩版 4-136）。

彩版 4-136　青瓷碗 02NH01T2019：59

标本 02NH01T2019：49，釉色不匀，有浅色斑痕。外底心见有垫烧痕迹。口径 19.0、足径 6.0、高 7.7 厘米（图 4-22，2；彩版 4-137）。

标本 02NH01T2019：365，釉色不匀，部分泛黄，部分泛乳白，釉面有缩釉斑痕。刻纹较浅。

0　　　　6厘米

图 4-22　龙泉窑 Bf 型青瓷碗

1.02NH01T2019：59　2.02NH01T2019：49

彩版 4-137　青瓷碗 02NH01T2019：49

口径 18.8、足径 6.5、高 7.8 厘米（图 4-23，1；彩版 4-138）。

标本 02NH01T2019：729，釉色不匀，有泛黄斑块，釉面开稀疏纹片。口径 19.5、足径 6.7、高 8.0
厘米（图 4-23，2；彩版 4-139）。

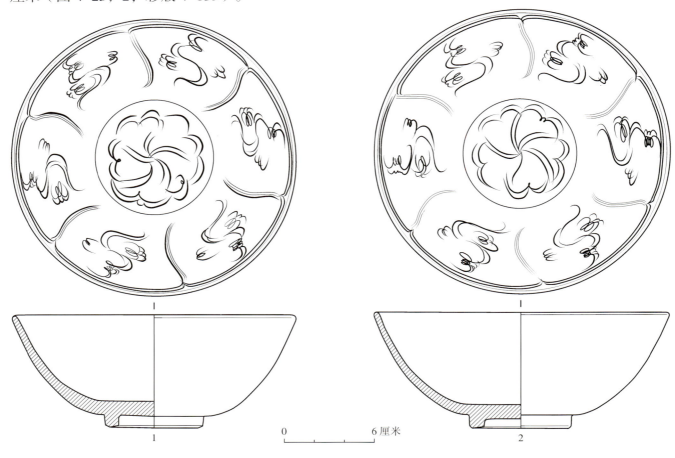

0 ———————— 6 厘米

图 4-23　龙泉窑 Bf 型青瓷碗

1. 02NH01T2019：365　　2. 02NH01T2019：729

彩版 4-138　青瓷碗 02NH01T2019：365

彩版 4-139　青瓷碗 02NH01T2019：729

标本 02NH01T2019：789，器形略小。釉色浅而泛黄，釉面有黑褐色缩釉斑痕，外壁口沿下有乳白色结晶物。外腹近底端可见浅跳刀痕，内壁腹部粘有海生物。口径 16.8、足径 6.1、高 6.9 厘米（图4-24；彩版 4-140）。

标本 02NH01T2019：58，釉色不匀，部分泛黄，釉面开稀疏纹片。外底心见有垫烧痕迹。口径 19.2、足径 6.0、高 8.3 厘米（彩版 4-141）。

图 4-24　龙泉窑 Bf 型青瓷碗

（02NH01T2019：789）

彩版 4-140　青瓷碗 02NH01T2019：789

彩版 4-141　青瓷碗 02NH01T2019：58

标本 02NH01T2019：60，釉色泛黄，釉面开稀疏纹片，外壁釉面有少许乳白色结晶物。外底心见有垫烧痕迹。口径 19.0、足径 5.8、高 7.8 厘米（彩版 4-142）。

标本 02NH01T2019：61，釉色部分泛黄，釉面光洁，开少许纹片。口径 19.2、足径 6.0、高 7.5 厘米（彩版 4-143）。

标本 02NH01T2019：62，釉色较浅，不匀，部分泛黄，釉面开冰裂纹片。外腹近底端有浅跳刀痕迹。外底心见有垫烧痕迹。口径 18.8、足径 5.8、高 8.1 厘米（彩版 4-144）。

标本 02NH01T2019：311，釉色不匀，部分泛黄，釉面见有白色结晶斑痕。口径 19.4、足径 5.8、

彩版 4-142　青瓷碗 02NH01T2019：60　　彩版 4-143　青瓷碗 02NH01T2019：61　　彩版 4-144　青瓷碗 02NH01T2019：62

彩版 4-145　青瓷碗 02NH01T2019：311

高 8.1 厘米（彩版 4-145）。

标本 02NH01T2019：312，釉色泛黄，釉面内外满布乳白色结晶物，有流动质感。口径 19.2、足径 6.4、高 7.8 厘米（彩版 4-146）。

标本 02NH01T2019：373，釉色不匀，内底及外壁近底端泛黄，釉面开稀疏纹片。外壁口沿处粘连有海生物。口径 19.3、足径 5.8、高 8.2 厘米（彩版 4-147）。

标本 02NH01T2019：705，釉色泛黄，釉面光洁，外壁釉面有少许结晶斑痕。外底心见有垫烧痕迹。内壁口沿下粘有小块海生物。口径 19.4、足径 6.2、高 8.0 厘米（彩版 4-148）。

标本 02NH01T2019：721，釉色不匀，部分泛黄，釉面光洁，外壁有少许乳白色结晶斑痕。口径 19.3、足径 6.3、高 8.2 厘米（彩版 4-149）。

标本 02NH01T2019：723，釉色不匀，部分泛黄，釉面开细碎纹片。刻纹清晰。外底心见有垫烧痕迹。口径 19.4、足径 6.4、高 7.8 厘米（彩版 4-150）。

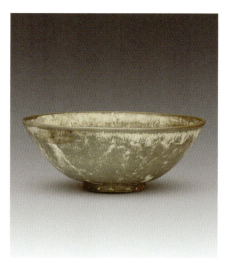

彩版 4-146　青瓷碗 02NH01T2019：312　　　　　彩版 4-147　青瓷碗 02NH01T2019：373

彩版 4-148　青瓷碗 02NH01T2019：705

彩版 4-149　青瓷碗 02NH01T2019：721

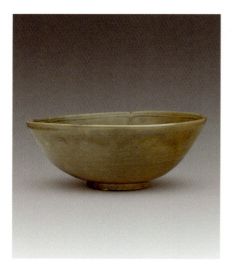

彩版 4-150　青瓷碗 02NH01T2019：723

Bg 型　99 件。

内壁口沿下一般刻有一道凹弦纹，腹壁刻五瓣花瓣状纹，花瓣边缘以双线或三线由下至上浅刻成"S"状曲线，部分略直，刻纹渐浅，至上端弯曲处有的仅余一道刻纹，整体宛若花瓣状；花瓣内刻卷云纹，卷云纹图案又略有差异，刻纹多为单线，也有少数为双线；内底心无花纹，边缘凹纹较明显。刻纹较浅，图案简洁，线条流畅，刀法娴熟。器形略小。

标本 02NH01T2019：938，圈足较高，挖足浅，足沿外侧斜削，沿较宽，底心微凸。釉色泛灰，部分泛黄，釉面光洁莹润，底部釉色泛黄处开细碎纹片。内口沿下凹弦纹不明显，花瓣边缘双线浅刻，线条弯曲，上端汇而为一，刻纹清晰。口径 16.1、足径 5.5、高 7 厘米（图 4-25，1；彩版 4-151）。

标本 02NH01T2019：906，釉色泛黄，色不匀，足沿流釉，釉面开细碎纹片。腹壁花瓣边缘双

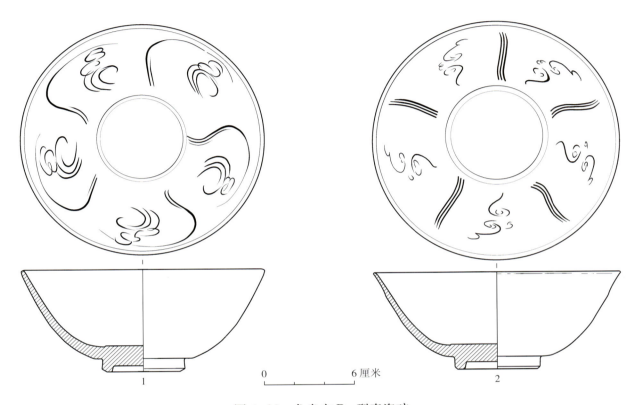

0　　　　　　　6 厘米

图 4-25　龙泉窑 Bg 型青瓷碗

1. 02NH01T2019：938　　2. 02NH01T2019：740

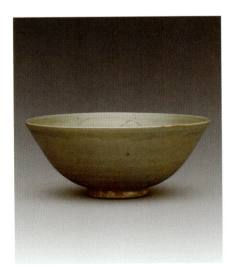

彩版 4-151　青瓷碗 02NH01T2019：938

线浅刻，线条弯曲，上端汇而为一，刻纹清晰。外壁有轮旋修坯痕迹。外底心有垫烧痕迹。口径15.8、足径 5.5、高 7.1 厘米（彩版 4-152）。

　　标本 02NH01T2019：925，尖圆唇。釉色不匀，外壁部分泛黄。腹壁花瓣边缘双线浅刻，线条弯曲，上端汇而为一，刻纹清晰。外壁有轮旋修坯痕迹。口径 16.0、足径 5.4、高 6.8 厘米（彩版4-153）。

　　标本 02NH01T2019：934，敞口，尖圆唇，圈足挖足浅，足沿较宽。釉色部分泛黄，内底及外壁近底端色泛黄，泛黄处开细碎纹片。腹壁花瓣边缘双线浅刻，线条弯曲，上端汇而为一，刻纹清晰。外壁近底端有一周修坯时的跳刀痕。口径 15.8、足径 5.5、高 6.8 厘米（彩版 4-154）。

　　标本 02NH01T2019：935，釉面开稀疏纹片。腹壁花瓣边缘以三线浅刻，线条弯曲，上端汇而为一，刻纹清晰。内底心有崩裂孔。口径 16.1、足径 5.6、高 6.9 厘米（彩版 4-155）。

　　标本 02NH01T2019：952，釉色不匀，部分泛黄、泛灰，足沿及外底有流釉，釉色泛黄处开细碎冰裂纹片。腹壁花瓣边缘以三线浅刻，线条弯曲而呈花瓣状，刻纹清晰。外底心垫烧痕迹明显。

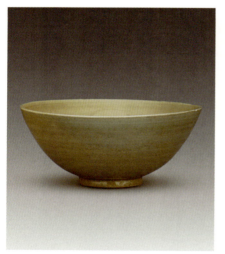  

彩版 4-152　青瓷碗 02NH01T2019：906

彩版 4-153　青瓷碗 02NH01T2019：925

彩版 4-154　青瓷碗 02NH01T2019：934

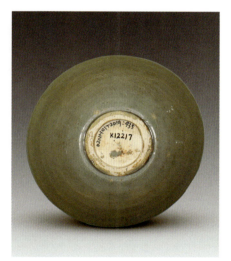

彩版 4-155　青瓷碗 02NH01T2019：935

口径 15.6、足径 5.5、高 6.7 厘米（彩版 4-156）。

标本 02NH01T2019：740，圈足挖足较浅，足沿外侧斜削，沿较宽，修削规整。釉色浅淡，釉面开细碎纹片，有黑褐色缩釉斑。腹壁花瓣边缘以三线浅刻，线条略直，花瓣内卷云纹可明显分为上、下两层，刻纹清晰。口径 16.4、足径 5.7、高 6.8 厘米（图 4-25，2；彩版 4-157）。

标本 02NH01T2019：744，圈足挖足浅，足沿外侧微削，底心微凹。釉色浅淡，部分泛黄，釉

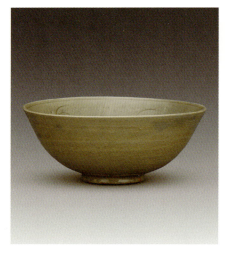

彩版4-156　青瓷碗 02NH01T2019：952

彩版4-157　青瓷碗 02NH01T2019：740

面开细碎纹片。腹壁花瓣边缘以三线浅刻，线条较直，花瓣内卷云纹分上、下两层，刻纹清晰。外底有垫烧痕迹。口径16.2、足径5.6、高6.7厘米（图4-26，1；彩版4-158）。

　　标本02NH01T2019：745，釉色不匀，部分泛黄，釉层薄，近底端较厚，釉面有缩釉斑点，开细碎冰裂纹片。腹壁花瓣边缘以三线浅刻，线条较直，花瓣内卷云纹分上、下两层，刻纹浅。外壁轮旋修坯痕迹明显。外底心有垫烧痕迹。口径16.8、足径5.8、高6.9厘米（图4-26，2；彩版4-159）。

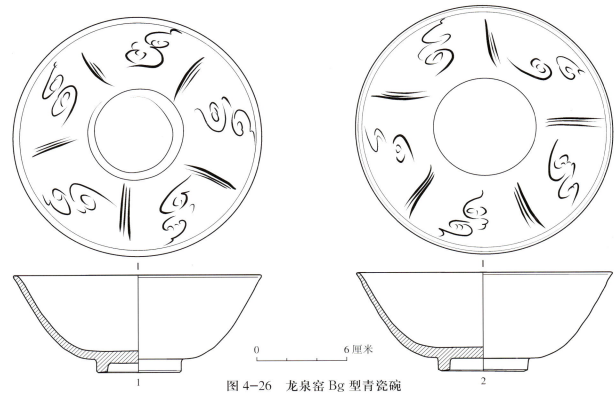

0　　　　6厘米

图 4-26　龙泉窑 Bg 型青瓷碗

1.02NH01T2019：744　　2.02NH01T2019：745

彩版 4-158　青瓷碗 02NH01T2019：744

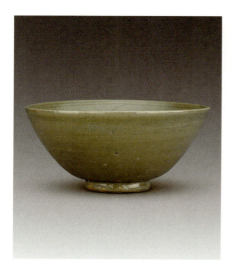

彩版 4-159　青瓷碗 02NH01T2019：745

　　标本 02NH01T2019：886，釉色不匀，部分泛黄，釉面多见小灰色斑点。内口沿下浅刻一至两道凹弦纹，腹壁花瓣边缘双线浅刻，线条弯曲，呈 "S" 状，花瓣内卷云纹刻纹细而清晰。口径15.8、足径 5.6、高 6.6 厘米（图 4-27，1；彩版 4-160）。

　　标本 02NH01T2019：890，圈足挖足浅，足沿外侧微削，沿较宽。釉色浅淡，外壁部分泛黄、泛灰，内外口沿下流釉痕迹明显，釉面开稀疏纹片，外壁有较多灰斑。腹壁花瓣边缘以三线浅刻，

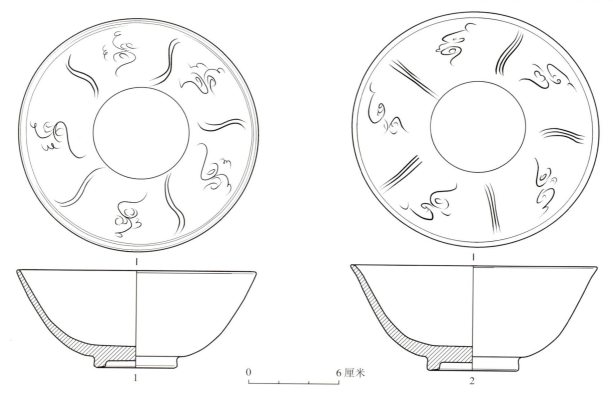

0　　　　　　　6 厘米

图 4-27　龙泉窑 Bg 型青瓷碗

1. 02NH01T2019：886　2. 02NH01T2019：890

线条较直，花瓣内卷云纹分上、下两层，刻纹清晰。口径 16.2、足径 6.0、高 7.1 厘米（图 4-27，2；彩版 4-161）。

标本 02NH01T2019：894，釉色浅淡，外壁有灰斑，釉面开细碎纹片。腹壁花瓣边缘以三线浅刻，线条弯曲，刻纹比较草率。口径 16.1、足径 5.9、高 7.0 厘米（图 4-28，1；彩版 4-162）。

标本 02NH01T2019：948，釉色不匀，部分泛黄，釉层薄，底端釉较厚，釉面光洁莹润，开冰裂纹片。腹壁花瓣边缘以三线浅刻，线条弯曲，刻纹清晰。口径 16.2、足径 5.6、高 7.0 厘米（图 4-28，2；彩版 4-163）。

标本 02NH01T2019：1018，釉色泛黄，足沿及外底流釉，釉面有灰褐色斑点，开细碎纹片。内口沿下浅刻两道凹弦纹，腹壁花瓣边缘双线浅刻，线条弯曲，花瓣内卷云纹刻纹细而清晰。外底粘有垫饼残渣，有垫烧痕迹。口径 16.4、足径 6.2、高 7.4 厘米（图 4-29，1；彩版 4-164）。

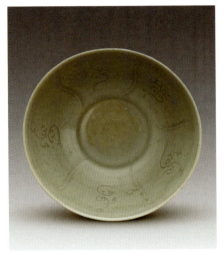

彩版 4-160　青瓷碗 02NH01T2019：886

彩版 4-161　青瓷碗
02NH01T2019：890

彩版 4-162　青瓷碗
02NH01T2019：894

彩版 4-163　青瓷碗
02NH01T2019：948

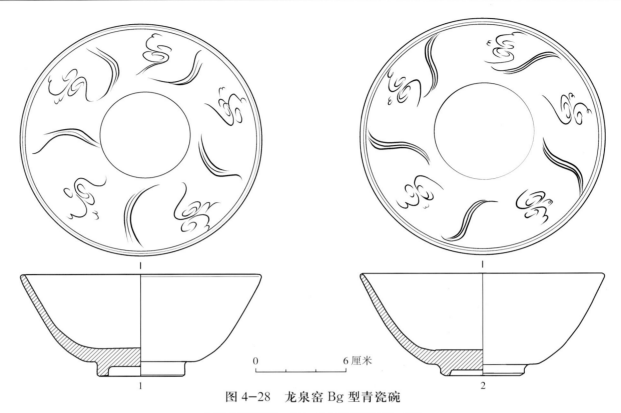

图 4-28　龙泉窑 Bg 型青瓷碗
1. 02NH01T2019：894　2. 02NH01T2019：948

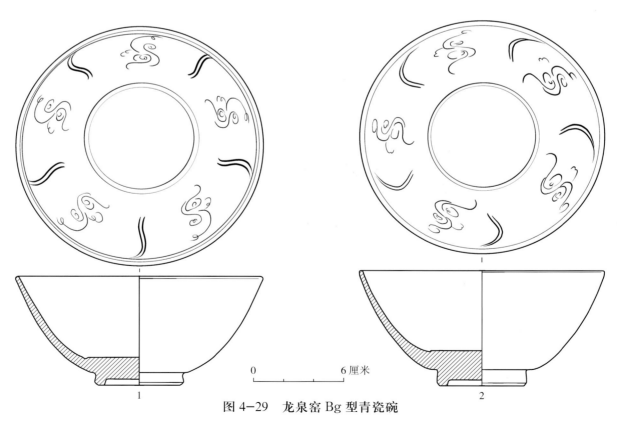

图 4-29　龙泉窑 Bg 型青瓷碗
1. 02NH01T2019：1018　2. 02NH01T2019：1043

标本02NH01T2019：1043，圈足挖足浅，足沿外侧微削，沿较宽。釉色泛灰，内底及壁有缩釉斑。内口沿下浅刻两道凹弦纹，腹壁花瓣边缘双线浅刻，线条弯曲，花瓣内卷云纹线条流畅，刻纹较浅。口径16.2、足径5.7、高7.8厘米（图4-29，2；彩版4-165）。

标本02NH01T2019：1059，釉色泛黄，釉面光洁。腹壁花瓣边缘以三线浅刻，线条弯曲，刻纹清晰。外壁腹部有近一周跳刀痕。口径16.8、足径5.7、高7.6厘米（图4-30，1；彩版4-166）。

标本02NH01T2019：1063，釉色泛灰，釉面有小缩釉斑。内口沿下浅刻两道凹弦纹，腹壁花瓣边缘双线浅刻，线条弯曲，花瓣内卷云纹线条流畅，刻纹清晰。外底有垫烧痕迹，粘有渣粒。口径16.6、足径5.8、高7.2厘米（图4-30，2；彩版4-167）。

标本02NH01T2021：296，圈足挖足浅，沿较宽。釉色泛黄，釉面光洁，开几道稀疏大纹片。内口沿下浅刻两道凹弦纹，腹壁花瓣边缘双线浅刻，线条弯曲，刻纹较浅。口径16.3、足径5.5、高7.0厘米（图4-31，1；彩版4-168）。

彩版4-164　青瓷碗
02NH01T2019：1018

彩版4-165　青瓷碗
02NH01T2019：1043

彩版4-166　青瓷碗
02NH01T2019：1059

彩版4-167　青瓷碗 02NH01T2019：1063

　　标本 02NH01T2021：230，圈足挖足浅，沿较窄。釉色呈淡青色，不匀，部分泛黄，足沿无釉处部分泛红褐色，釉面光洁，有小缩釉斑，部分开细碎冰裂纹片。腹壁花瓣边缘双线浅刻，线条弯曲，刻纹较浅。口径 16.0、足径 6.0、高 6.6 厘米（图 4-31，2；彩版 4-169）。

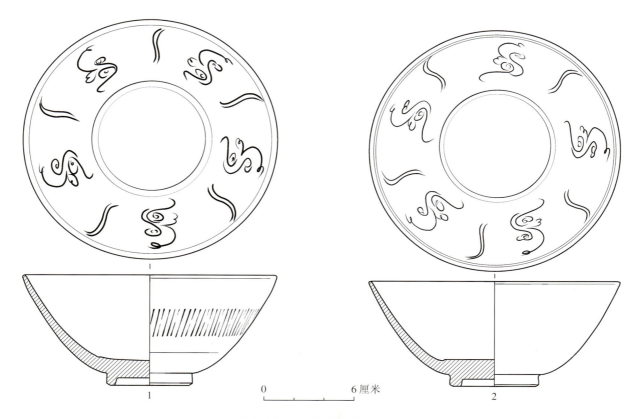

0　　　　　6 厘米

图 4-30　龙泉窑 Bg 型青瓷碗

1. 02NH01T2019：1059　　2. 02NH01T2019：1063

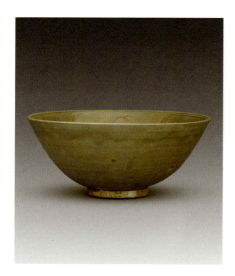

彩版 4-168　青瓷碗 02NH01T2021：296

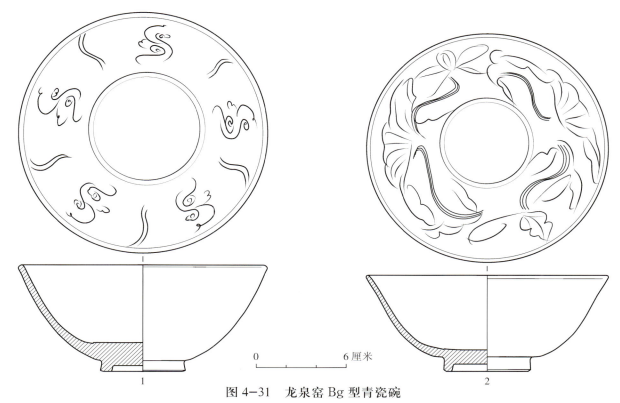

图4-31　龙泉窑 Bg 型青瓷碗

1.02NH01T2021：296　2.02NH01T2021：230

彩版4-169　青瓷碗 02NH01T2021：230

标本 02NH01T2019：782，釉色泛灰，釉面开稀疏纹片，外壁有小缩釉斑。腹壁花瓣边缘以三线浅刻，线条较直，刻纹浅。口径 15.6、足径 6.0、高 7.0 厘米（彩版 4-170）。

标本 02NH01T2019：785，釉色泛灰，有黄斑，釉面开稀疏大纹片，釉色泛黄处开细碎纹片。内口沿下凹弦纹较浅，腹壁花瓣边缘以三线浅刻，线条较直，刻纹较浅。口径 16.2、足径 5.5、高 6.6 厘米（彩版 4-171）。

标本 02NH01T2019：796，器物变形。釉色浅淡，有黄斑，釉面开稀疏纹片。内口沿下凹弦纹较浅，腹壁花瓣边缘以三线浅刻，线条较直，刻纹浅。口径 16.1、足径 6.2、高 7.0 厘米（彩版 4-172）。

标本 02NH01T2019：878，釉色浅淡，釉面开稀疏纹片。腹壁花瓣边缘以双线浅刻，线条弯曲，花瓣内卷云纹刻纹较细。口径 16.0、足径 5.5、高 6.7 厘米（彩版 4-173）。

标本 02NH01T2019：880，釉色不匀，部分泛黄。内口沿下凹弦纹浅而不明显，腹壁花瓣边缘

彩版 4-170　青瓷碗
02NH01T2019：782

彩版 4-171　青瓷碗
02NH01T2019：785

彩版 4-172　青瓷碗
02NH01T2019：796

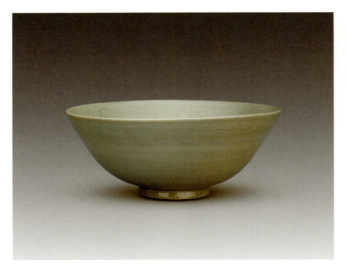

彩版 4-173　青瓷碗 02NH01T2019：878

以三线浅刻，线条弯曲，呈"S"状，刻纹细而清晰。外底垫烧痕迹明显。口径15.9、足径5.5、高6.8厘米（彩版4-174）。

标本02NH01T2019：885，圈足挖足浅，足沿宽。釉色浅淡，釉面有小灰斑点，开细碎纹片。腹壁花瓣边缘以双线浅刻，线条弯曲，呈"S"状，刻纹较浅。外壁近底端有细跳刀痕。口径16.2、足径5.9、高6.8厘米（彩版4-175）。

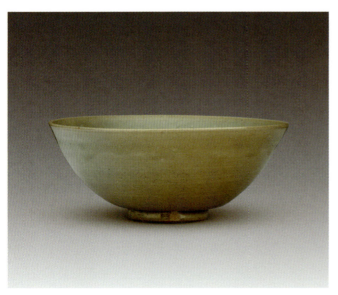

彩版4-174　青瓷碗 02NH01T2019：880　　　彩版4-175　青瓷碗 02NH01T2019：885

标本02NH01T2019：887，外壁胎有较多小缝隙，釉下呈灰色。釉色泛灰黄，釉面有灰褐色斑点，开细碎纹片。腹壁花瓣边缘以三线浅刻，线条较直，花瓣内卷云纹分上、下层，刻纹较浅。口径16.2、足径5.4、高6.8厘米（彩版4-176，1）。

标本02NH01T2019：889，釉色较浅，部分泛灰，釉面开细碎纹片。腹壁花瓣边缘以三线浅刻，线条较直，花瓣内卷云纹分上、下层，刻纹较浅。外底心有垫烧痕迹。口径16.3、足径5.8、高6.8厘米（彩版4-176，2）。

标本02NH01T2019：900，釉色部分泛黄，釉面开细碎纹片。腹壁花瓣边缘以三线浅刻，线条弯曲，呈"S"状，刻纹细浅。外壁近底端有一周细跳刀痕。口径15.7、足径5.5、高6.4厘米（彩版4-177，1）。

标本02NH01T2019：908，釉色不匀，部分泛黄，釉面开细碎纹片。腹壁花瓣边缘以三线浅刻，线条弯曲，呈"S"状，线条清晰。外壁轮旋修坯痕迹明显。口径15.8、足径5.7、高6.6厘米（彩版4-177，2）。

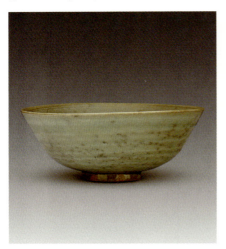  

1. 02NH01T2019：887

2. 02NH01T2019：889

彩版4-176　青瓷碗 02NH01T2019：887、889

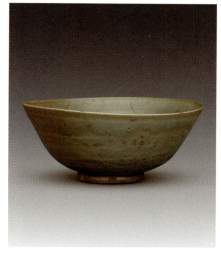

1. 02NH01T2019：900　　　　　　　　　　　2. 02NH01T2019：908

彩版 4-177　青瓷碗 02NH01T2019：900、908

标本 02NH01T2019：930，釉色不匀，部分泛黄，釉面有灰色斑点。腹壁花瓣边缘以双线浅刻，线条弯曲，呈 "S" 状，刻纹较浅。口径 16.4、足径 5.9、高 7.1 厘米（彩版 4-178，1）。

标本 02NH01T2019：936，釉色不匀，部分泛灰黄，釉面有小灰褐色斑点。腹壁花瓣边缘以双线浅刻，线条弯曲，呈 "S" 状，刻纹清晰。口径 16.4、足径 5.7、高 6.8 厘米（彩版 4-178，2）。

标本 02NH01T2019：937，釉色不匀，部分泛黄，近底端釉层较厚，釉面光洁莹润。腹壁花瓣边缘以双线浅刻，线条弯曲，呈 "S" 状，刻纹清晰。外底垫烧痕迹明显。口径 16.3、足径 5.7、高 6.7 厘米（彩版 4-179，1）。

标本 02NH01T2019：1033，釉色不匀，部分泛灰。内口沿下浅刻两道弦纹，腹壁花瓣边缘以双线浅刻，线条弯曲，花瓣内双线刻卷云纹，刻纹清晰流畅。口径 16.4、足径 5.5、高 7.6 厘米（彩版 4-179，2）。

标本 02NH01T2019：1068，釉色泛黄，釉面开细碎纹片。内口沿下浅刻两道弦纹，腹壁花瓣边缘以双线浅刻，线条弯曲，花瓣内双线刻卷云纹，刻纹流畅。外底心粘有垫饼残块。口径 16.5、足径 5.2、高 7.5 厘米（彩版 4-180）。

标本 02NH01T2019：1039，釉色泛黄，外口沿下流釉痕迹明显。内口沿下浅刻两道弦纹，腹壁花瓣边缘以双线浅刻，线条弯曲，花瓣内双线刻卷云纹，刻纹流畅。外壁有轮旋修坯痕迹。口径 16.4、足径 5.8、高 7.4 厘米（彩版 4-181）。

标本 02NH01T2019：1082，釉色泛黄，内底边缘积釉较厚，釉面有灰斑，开细碎纹片。内口沿下浅刻两道弦纹，腹壁花瓣边缘以双线浅刻，线条弯曲，花瓣内刻卷云纹，刻纹流畅。口径 16.6、足径 5.9、高 7.3 厘米（彩版 4-182）。

标本 02NH01T2021：233，釉色浅淡，釉面开稀疏纹片，有少量红褐色缩釉斑。内口沿下浅刻两道细弦纹，腹壁花瓣边缘以双线浅刻，线条弯曲，花瓣内刻细卷云纹，刻纹较浅。口径 15.9、足径 5.8、高 6.5 厘米（彩版 4-183）。

1. 02NH01T2019：930

2. 02NH01T2019：936

彩版 4-178　青瓷碗 02NH01T2019：930、936

1. 02NH01T2019：937

2. 02NH01T2019：1033

彩版 4-179　青瓷碗 02NH01T2019：937、1033

彩版 4-180　青瓷碗 02NH01T2019：1068

彩版 4-181　青瓷碗 02NH01T2019：1039

彩版 4-182　青瓷碗 02NH01T2019：1082

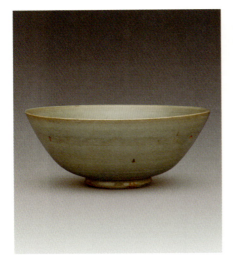

彩版 4-183　青瓷碗 02NH01T2021：233

Bh 型　13 件。

内壁口沿下浅刻一道凹弦纹，腹部刻三朵卷云纹，分布较均匀，刻纹较浅，线条简洁流畅；内底心无花纹。器形略小。

标本 02NH01T2019：743，釉色泛黄，釉面光洁莹润。内底见有一道凹线划纹。外壁修坯的轮旋痕迹明显。外底心有修坯凹痕和垫烧痕迹。口径 16.6、足径 5.7、高 7.0 厘米（图 4-32，1；彩版 4-184）。

标本 02NH01T2019：907，釉色不匀，部分泛黄，釉面有灰褐色斑点。内底及口沿处有修坯或烧造时遗留的裂痕。口径 15.9、足径 5.8、高 7.1 厘米（图 4-32，2；彩版 4-185）。

标本 02NH01T2019：877，釉色泛黄，釉面光洁莹润。外腹壁轮旋修坯痕迹明显。口径 16.1、足径 5.7、高 7.3 厘米（彩版 4-186）。

彩版 4-184　青瓷碗 02NH01T2019：743

标本 02NH01T2019：893，釉色泛黄，釉面开有细碎纹片。外口沿下有一道刮痕。口径 15.9、足径 5.7、高 6.8 厘米（彩版 4–187）。

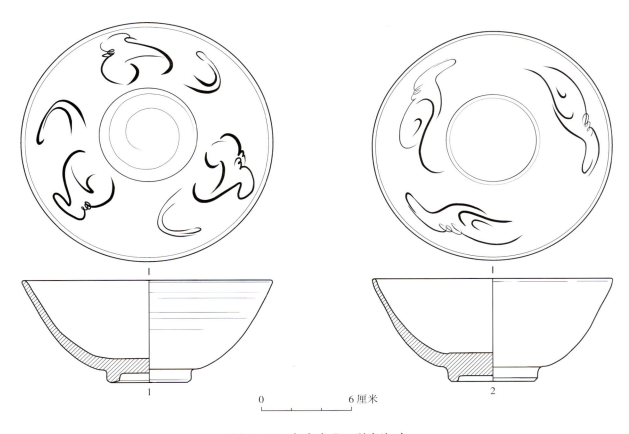

0 　　　　　　　6 厘米

图 4–32　龙泉窑 Bh 型青瓷碗

1. 02NH01T2019：743　2. 02NH01T2019：907

彩版 4–185　青瓷碗 02NH01T2019：907

彩版 4-186　青瓷碗 02NH01T2019：877

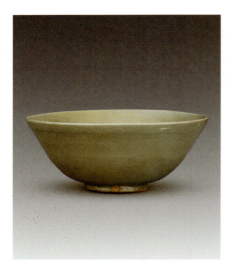

彩版 4-187　青瓷碗 02NH01T2019：893

Bi 型　5 件。

内壁口沿下浅刻一道凹弦纹，腹壁刻连续水波纹，刻纹之间填以篦划纹，其随刻纹而呈弯曲状，划纹浅细，线条流畅自然；内底心无花纹。器形略小。

标本 02NH01T2019：1079，圈足沿外侧斜削，沿较宽，内、外底平。釉面有小缩釉斑。外底心有垫烧痕迹。口径 16.4、足径 5.6、高 7.6 厘米（图 4-33；彩版 4-188）。

彩版 4-188　青瓷碗 02NH01T2019：1079

标本 02NH01T2019：1083，釉
色泛青灰，色不匀，部分泛黄，釉
面光洁，釉色泛黄处开细碎纹片。
刻纹、篦划纹均浅。外底心垫烧痕
迹明显。口径 16.7、足径 6.0、高 7.7
厘米（彩版 4-189）。

2. 盏

1 件。

标本 02NH01T2019：751，敞
口，弧腹，圈足较高，微外撇，足
沿修削圆滑，外底心微凸。外壁可
见修坯的轮旋痕迹，近底端有浅跳
刀痕。胎灰白，质细密。通体施青
釉，微泛黄，外底无釉，釉面光洁
莹润，釉层薄而不匀。口径 10.6、
足径 3.5、高 5.1 厘米（图 4-34；彩
版 4-190）。

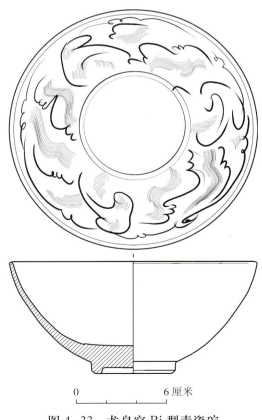

0　　　　　　6 厘米

图 4-33　龙泉窑 Bi 型青瓷碗

（02NH01T2019：1079）

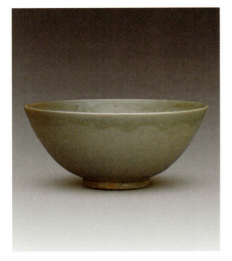

彩版4-189　青瓷碗 02NH01T2019：1083

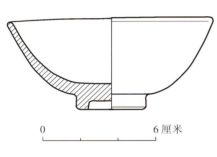

图4-34　龙泉窑青瓷盏
（02NH01T2019：751）

彩版4-190　青瓷盏 02NH01T2019：751

3. 盘

17件。

根据盘口、身形状，分四型。

A型　6件。

口、身均呈菊瓣状。侈口，由口至腹刮修而成菊瓣状，浅弧腹，至底部边缘刻出凹纹一周，内底较平，圈足较高，挖足较浅，足墙较直，足沿向内、外两侧斜削，外底心微凸。胎色灰白，质细密。通体施青釉，釉色呈色不一，有粉青、淡青、梅子青，或泛黄，或泛灰白，足沿及内侧多有流釉，外底无釉，露胎处泛红褐色，釉面莹润。口沿内侧菊瓣处有一道划痕。内壁菊瓣纹分腹部、底部两层，上层由口至底边缘处刻菊瓣纹，菊瓣间隔较为均匀，上端近口处花瓣棱线突出；下层与腹部菊瓣纹相对应，内底边缘下凹处至底中部之间再刻一圈菊瓣纹，环绕底心之外，底心较平，有的微凸。外壁由口部至腹底端、近底处随花瓣状口形状分别浅刻菊瓣纹，分上、下两层，个别器物近底端的菊瓣纹刻纹浅而不明显。

标本 02NH01T2021：278，釉色不匀，一半呈粉青色、一半呈梅子青色，釉面光洁莹润。内、外两层菊瓣纹，刻纹清晰。外底心支垫具垫烧痕迹明显。口径 18.9、足径 5.7、高 4.2 厘米（图 4-35，1；彩版 4-191）。

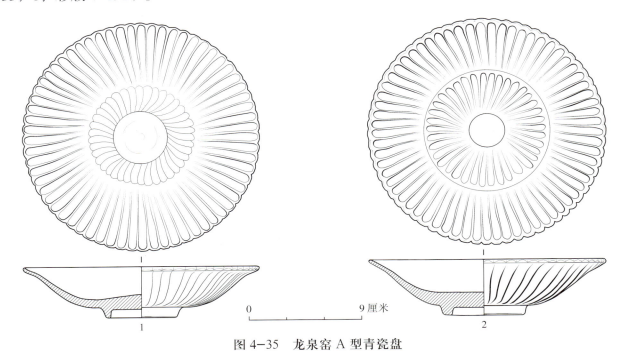

图 4-35　龙泉窑 A 型青瓷盘

1. 02NH01T2021：278　　2. 02NH01T2021：282

彩版 4-191　青瓷盘 02NH01T2021：278

标本 02NH01T2021：282，釉色不匀，部分泛黄，菊瓣纹棱线处色浅泛黄，外壁近底端积釉明显，外底无釉，釉面莹润，开细碎纹片。外壁下层莲瓣纹因釉层厚而不明显。口径 18.8、足径 6.7、高 4.6 厘米（图 4-35，2；彩版 4-192）。

标本 02NH01T2021：285，釉色呈粉青，色泽淡雅，外底无釉，釉层薄，釉面光洁莹润。内、外双层菊瓣纹，刻纹清晰，外壁刻纹较浅。内壁腹部见有一道裂痕，为烧造时形成，外底心粘有垫烧痕迹。口径 17.4、足径 5.7、高 3.8 厘米（图 4-36，1；彩版 4-193）。

彩版 4-192　青瓷盘 02NH01T2021：282

图 4-36　龙泉窑青瓷盘

1. A 型（02NH01T2021：285）　　2. B 型（02NH01T2020：320）

标本 02NH01T2021：281，釉色泛白，足沿及外底有流釉，釉面有缩釉斑痕，伴有大面积的乳白色结晶，有乳浊质感。外壁双层菊瓣纹较浅。外底心粘有垫烧痕迹。口径 18.9、足径 5.5、高 3.6 厘米（彩版 4-194）。

标本 02NH01T2021：283，釉色不匀，部分泛黄，外底无釉，内底边缘处釉层较厚，釉面光洁莹润，开少许稀疏纹片。内、外双层菊瓣纹，刻纹清晰，外壁刻纹较浅。口部有一道烧造时形成的胎体裂痕。口径 18.6、足径 5.0、高 3.8 厘米（彩版 4-195）。

彩版 4-193　青瓷盘 02NH01T2021：285

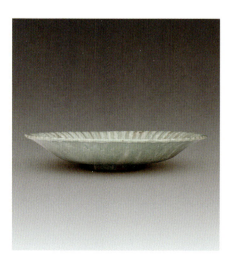

彩版 4-194　青瓷盘 02NH01T2021：281

标本 02NH01T2021：284，釉色不匀，口处泛黄，外底无釉，釉面光洁莹润。内、外双层菊瓣纹，刻纹清晰，外壁刻纹较浅。口径 18.3、足径 5.7、高 4.3 厘米（彩版 4-196）。

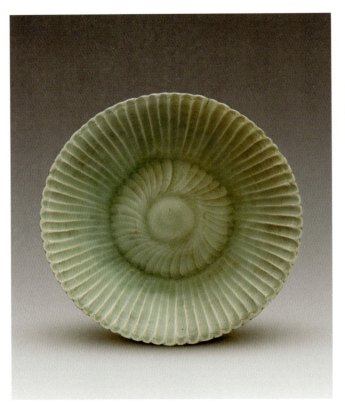
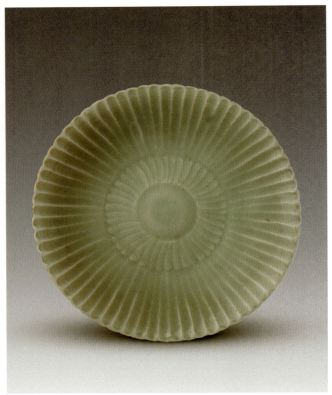

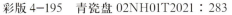

彩版 4-195　青瓷盘 02NH01T2021：283　　　　　彩版 4-196　青瓷盘 02NH01T2021：284

B 型　1 件。

敞口，尖圆唇，弧腹，较深，内底坦平，圈足外墙较直，足沿外侧斜削，足内边缘处挖足痕明显，外底较平。胎灰白，质细密。通体施青釉，外底无釉，足沿及内底有流釉，釉层较薄，釉面光洁莹润。外壁素面无纹，内壁刻莲荷纹，刻纹较浅，线条流畅，刀法娴熟。器形略大。

标本 02NH01T2020：320，青釉色泽浅淡，釉面有乳白色结晶，以口沿内外两侧较多，有小缩釉斑，外侧口沿下有一处开细碎纹片。内壁刻两缠枝莲荷纹，每枝一朵莲花、一片荷叶，花茎相簇，纹样清晰。外底心的垫烧痕迹明显。口径 19.8、足径 6.6、高 4.7 厘米（图 4-36，2；彩版 4-197）。

彩版 4-197　青瓷盘 02NH01T2020：320

C 型　3 件。

敞口微侈，尖圆唇，弧腹，较深，内底坦平，圈足制作规整，外墙较直，足沿外侧斜削，足内边缘处挖足痕明显，外底较平。外壁口沿下可见一道修坯线。胎灰白，质细密。通体施青釉，呈色不一，有的浅淡，有的泛黄，有的泛乳白，足沿多有流釉，外底无釉，釉层较薄，釉面光洁莹润。外壁素面无纹；内壁口沿下至腹浅刻出六瓣葵花状纹，上端刻葵口状双线，六花瓣间隔为三道曲线，呈 "S" 状，花瓣内均刻卷云纹，口沿下相邻花瓣衔接处向两侧浅刻出凹痕；内底心刻一朵五瓣团花纹。刻纹较浅，布局疏朗，线条流畅，刀法娴熟。

标本 02NH01T2019：87，釉色部分泛黄，釉面光洁，外壁口沿下有乳白色结晶斑痕。外底心可见垫烧痕迹。口径 17.8、足径 6.5、高 4.8 厘米（图 4-37，1；彩版 4-198）。

标本 02NH01T2019：86，釉色不匀，部分泛黄，釉层薄，釉面光洁莹润。刻纹清晰。外底心垫烧痕迹明显。口径 18.5、足径 6.8、高 4.6 厘米（彩版 4-199，1）。

标本 02NH01T2019：88，釉色较匀净，足沿及外底部分流釉，釉面光洁，口沿下有乳白色结晶斑。刻纹浅而清晰。口径 18.6、足径 6.7、高 5.1 厘米（图 4-37，2；彩版 4-199，2）。

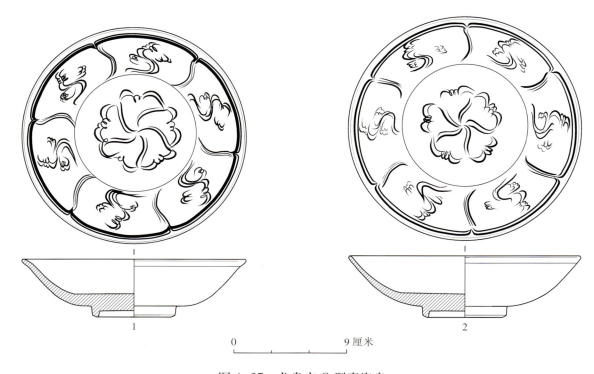

0 ⸺⸺⸺⸺ 9 厘米

图 4-37　龙泉窑 C 型青瓷盘

1. 02NH01T2019：87　2. 02NH01T2019：88

彩版 4-198　青瓷盘 02NH01T2019：87

1. 02NH01T2019：86

2. 02NH01T2019：88

彩版 4-199　青瓷盘 02NH01T2019：86、88

D 型　7件。

佗口，弧腹，由口至底心渐平，圈足较高，制作规整，外墙较直，足沿较宽，沿外侧微修，挖足浅，外底较平。胎色灰，质细密。通体施青釉，釉色多不匀，有的泛黄或泛灰，外底无釉，底足露胎处色泛青灰，釉层薄，釉面光洁莹润。外壁口沿下至腹部下端浅刻斜向刻纹，分布较密，不均匀；

内壁口沿下刻一道凹弦纹，其下腹部刻划缠枝花卉纹，花叶内饰以浅篦划纹，内底心刻凹纹一道，圈内刻划花叶状纹。刻纹较浅，划纹细腻，线条流畅，刀法娴熟。部分足沿可见手执盘足而留下的蘸釉痕迹。外底心有垫烧痕迹。

标本 02NH01T2019：89，釉色不匀，部分泛黄，釉面开细碎纹片。内腹壁刻划缠枝莲纹，辅以细篦划纹。口径 19.3、足径 7.2、高 5.2 厘米（图 4-38，1；彩版 4-200）。

标本 02NH01T2019：91，釉色匀净，釉面光洁莹润，开稀疏纹片。内壁刻划缠枝花卉纹，花枝蔓延，花叶辅以篦划纹。口径 19.3、足径 7.1、高 4.6 厘米（图 4-38，2；彩版 4-201）。

0　　　　　　　　9 厘米

图 4-38　龙泉窑 D 型青瓷盘

1. 02NH01T2019：89　2. 02NH01T2019：91

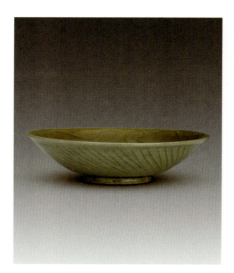

彩版 4-200　青瓷盘 02NH01T2019：89

标本 02NH01T2019：93，釉色不匀，部分泛黄，釉面光洁莹润，开稀疏纹片。内壁刻划缠枝花卉纹。口径 19.1、足径 6.7、高 5.2 厘米（图 4-39，1；彩版 4-202）。

标本 02NH01T2019：95，釉色匀净，釉面光洁莹润。内壁刻划缠枝莲纹，花叶内饰以篦划纹，

彩版 4-201　青瓷盘 02NH01T2019：91

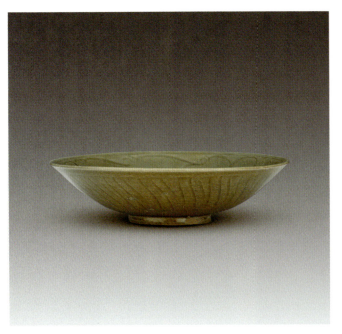

彩版 4-202　青瓷盘 02NH01T2019：93

花纹布局较密。外壁近底端可见修坯时的跳刀痕。外底粘有渣粒，垫烧痕迹明显。口径 19.3、足径 7.0、高 4.8 厘米（图 4-39，2；彩版 4-203）。

标本 02NH01T2019：92，釉色微泛黄，釉面光洁莹润，开少许纹片。内壁刻划缠枝花卉纹。外壁近底端可见一周浅跳刀痕。口径 18.9、足径 6.2、高 4.9 厘米（彩版 4-204）。

标本 02NH01T2019：94，釉色较浅，釉面光洁莹润，开稀疏纹片。内壁刻划缠枝花卉纹，花叶内饰以篦划纹，刻纹、篦划纹均浅，线条纤细。口径 18.3、足径 6.7、高 5.1 厘米（彩版 4-205）。

0　　　　　　　　9 厘米

图 4-39　龙泉窑 D 型青瓷盘

1. 02NH01T2019：93　2. 02NH01T2019：95

彩版 4-203　青瓷盘 02NH01T2019：95

标本 02NH01T2019：90，釉色不匀，部分泛黄，釉面光洁莹润。内壁刻划缠枝莲纹，花叶辅以篦划纹，刻划浅细。口径 18.8、足径 6.4、高 4.8 厘米（彩版 4-206）。

彩版 4-204　青瓷盘 02NH01T2019：92

彩版 4-205　青瓷盘 02NH01T2019：94　　　　　　彩版 4-206　青瓷盘 02NH01T2019：90

4. 碟

12 件。

侈口，浅弧腹，圈足较高，挖足较浅，足沿外侧斜削，外底心微凸。胎色灰，质细密。通体施青釉，有的泛黄，有的呈淡青色，足沿及外底有流釉，足内无釉，釉层较薄，釉面光洁莹润。口沿内、外各有一道浅凹弦纹，内壁刻划莲荷纹，或双花双叶，或双花单叶，或双花，花、叶茎部以四条篦划线刻划而成，刻纹清晰，线条流畅，刀法娴熟。外底心有垫烧痕迹。

标本 02NH01T2019：915，釉色淡青，部分泛黄。内壁刻两组折枝莲荷纹，每组一花一叶。口径 16.0、足径 6.0、高 3.8 厘米（图 4-40，1；彩版 4-207）。

标本 02NH01T2019：1105，釉色不匀，部分泛黄。内壁刻划折枝莲荷纹，一叶双花。口径

15.3、足径 5.6、高 3.4 厘米（图 4-40，2；彩版 4-208）。

　　标本 02NH01T2019：1108，釉色较浅，部分泛黄。内壁刻折枝双荷花纹，下端连四枝花茎。足底粘有渣粒。口径 15.0、足径 5.6、高 3.7 厘米（图 4-41，1；彩版 4-209）。

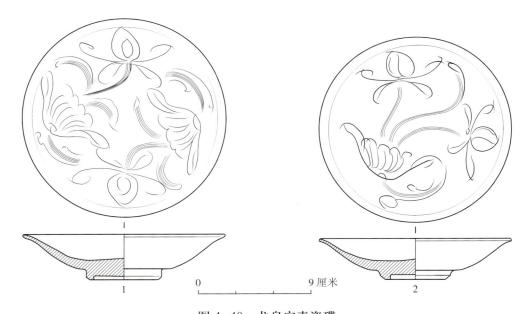

0　　　　　　　　　9 厘米

图 4-40　龙泉窑青瓷碟

1. 02NH01T2019：915　2. 02NH01T2019：1105

彩版 4-207　青瓷碟 02NH01T2019：915

标本 02NH01T2019：1109，青釉，略泛黄，釉面开稀疏冰裂纹片。内壁刻折枝双荷花纹。足底粘有渣粒。口径 17.0、足径 6.3、高 3.9 厘米（图 4-41，2；彩版 4-210）。

标本 02NH01T2019：914，釉色泛黄，釉面开稀疏冰裂纹片。内壁刻折枝莲荷纹，一叶双花。

彩版 4-208　青瓷碟 02NH01T2019：1105

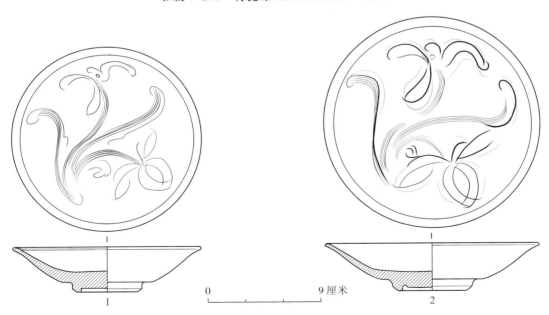

图 4-41　龙泉窑青瓷碟

1. 02NH01T2019：1108　　2. 02NH01T2019：1109

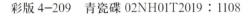

彩版 4-209　青瓷碟 02NH01T2019：1108　　　　　　彩版 4-210　青瓷碟 02NH01T2019：1109

足底粘有渣粒，有垫圈支烧痕迹。口径 15.3、足径 5.2、高 3.6 厘米（彩版 4-211）。

　　标本 02NH01T2019：916，青釉略泛黄，釉面光洁莹润。内壁刻折枝双荷花纹。足底粘有渣粒。口径 15.2、足径 4.9、高 3.3 厘米（彩版 4-212）。

　　标本 02NH01T2019：917，釉色较浅，不匀，部分微泛黄，釉面光洁莹润，近口沿有一处内外两侧开细碎纹片。内壁刻折枝双荷花纹。口径 15.3、足径 5.0、高 3.8 厘米（彩版 4-213）。

　　标本 02NH01T2019：1104，釉色不匀，部分泛黄，釉面开有大小细纹片。内壁刻折枝莲荷纹，一叶双花。足底粘有渣粒。口径 15.2、足径 5.1、高 3.4 厘米（彩版 4-214）。

彩版 4-211 青瓷碟 02NH01T2019：914

彩版 4-212 青瓷碟 02NH01T2019：916

彩版 4-213　青瓷碟 02NH01T2019：917

标本 02NH01T2019：1106，口部变形。釉色泛黄。内壁刻折枝莲荷纹，一叶双花。足底粘有渣粒。口径 15.2、足径 5.0、高 4 厘米（彩版 4-215）。

标本 02NH01T2019：1107，釉色不匀，部分泛黄，外底流有釉，釉面光洁莹润，内壁有疏朗大冰裂纹。内壁刻折枝莲荷纹，一叶双花。足底粘有渣粒，流釉垫圈支烧痕迹。口径 15.1、足径 4.8、高 3.9 厘米（彩版 4-216）。

标本 02NH01T2019：1110，釉色浅淡匀净，呈淡青色，釉面有黄褐色缩釉斑。内壁刻折枝莲荷纹，一叶双花。底足流釉严重，可见垫圈支烧痕迹。口径 15.4、足径 5.0、高 3.7 厘米（彩版 4-217）。

标本 02NH01T2019：1111，釉色泛黄，釉面开稀疏纹片。内壁刻折枝双荷花纹。口径 15.2、足径 5.0、高 3.7 厘米（彩版 4-218）。

5. 钵

2 件。

敛口，内敛处圆滑，斜弧腹，内底较平，边缘微凹，底心微凸，外底较平，底心微内凹。胎灰白，质细密。通体施青釉，外壁近底端釉层较厚，积釉，外底无釉，釉面光洁莹润。外壁腹部先刻窄仰莲瓣纹，再于其上填以浅细的篦划纹，分布较为均匀。外底有垫烧痕迹。

彩版 4-214　青瓷碟 02NH01T2019：1104

彩版 4-215　青瓷碟 02NH01T2019：1106

彩版 4-216　青瓷碟 02NH01T2019：1107　　　　　　彩版 4-217　青瓷碟 02NH01T2019：1110

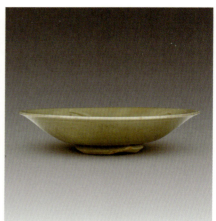

彩版 4-218　青瓷碟 02NH01T2019：1111

　　标本 02NH01T2019：752，釉色较浅，釉面开少许稀疏纹片。口径 12.5、足径 4.4、高 5.3 厘米（图 4-42，1；彩版 4-219）。

　　标本 02NH01T2019：753，釉色微泛黄，釉面开细密碎纹片。口径 12.4、足径 4.7、高 5.7 厘米（图 4-42，2；彩版 4-220）。

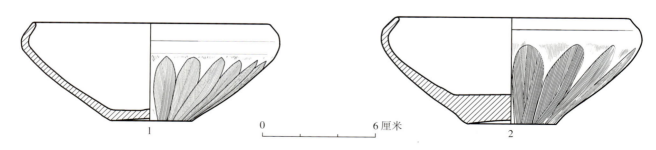

0　　　　　6 厘米

图 4-42　龙泉窑青瓷钵

1.02NH01T2019：752　2.02NH01T2019：753

彩版 4-219 青瓷钵 02NH01T2019：752

彩版 4-220 青瓷钵 02NH01T2019：753

二　景德镇窑青白瓷

景德镇窑青白瓷共 233 件。器类有青白瓷碗、盏、盘、器盖。

1. 碗

26 件。

尖唇，敞口，圈足，足沿窄，足墙斜向内挖，挖足较浅。胎色白，胎较薄，胎质细腻。通体施青白釉，足墙内、外及足底边缘施釉，底心无釉，无釉处多泛黄或呈酱黄色。釉面光洁莹润，部分开片，釉层较薄。内壁刻划缠枝花卉纹，花卉间刻饰出婴戏纹图案。纹样复杂，流畅自然，刻纹清晰，刀法娴熟。外底心有垫饼粘连痕迹。根据腹部深浅，分两型。

A 型　11 件。

深弧腹，腹壁略显斜直，内底小，边缘一周微凹，底心微凸。足沿极窄，足底微凹。

标本 02NH01T2019：133，外壁有长条形开片。外底心无釉处泛黄。外底心垫烧痕迹明显，粘有黑褐色渣粒。口径 20.6、足径 5.9、高 7.5 厘米（图 4-43，1；彩版 4-221）。

标本 02NH01T2019：172，外底心呈酱色。内壁有落渣。口径 19.6、足径 5.3、高 7.6 厘米（图 4-43，2；彩版 4-222）。

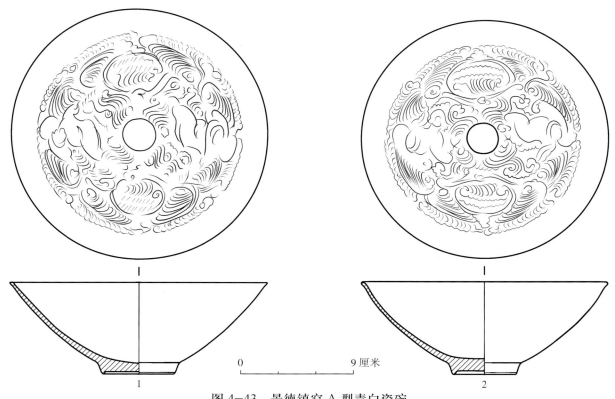

0　　　　　　9 厘米

图 4-43　景德镇窑 A 型青白瓷碗

1. 02NH01T2019：133　2. 02NH01T2019：172

彩版 4-221　青白瓷碗 02NH01T2019：133

彩版 4-222　青白瓷碗 02NH01T2019：172

标本 02NH01T2019：435，釉面有长开片。外底无釉处呈黄色。口径 19.3、足径 5.9、高 7.1 厘米（图 4-44，1；彩版 4-223）。

标本 02NH01T2019：135，釉面有长条状开片。外底无釉处呈酱黄色，垫烧粘连痕迹明显。口径 20.2、足径 5.7、高 7.5 厘米（彩版 4-224）。

标本 02NH01T2019：169，釉面有长条状开片。外底无釉处微泛黄，粘连有黑褐色渣粒。口径 20.1、足径 5.6、高 7.5 厘米（彩版 4-225）。

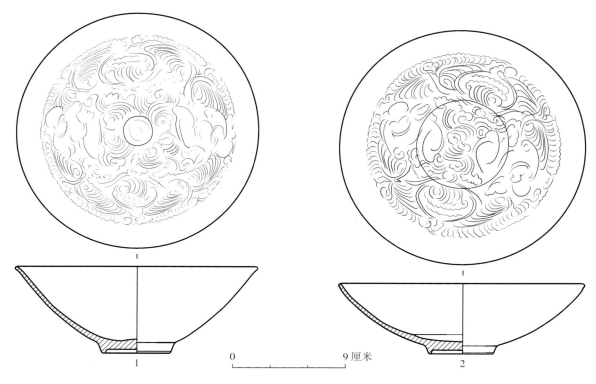

0　　　　　　9 厘米

图 4-44　景德镇窑青白瓷碗

1. A 型（02NH01T2019：435）　2. B 型（02NH01T2019：179）

彩版 4-223　青白瓷碗 02NH01T2019：435

彩版 4-224　青白瓷碗 02NH01T2019：135

彩版 4-225　青白瓷碗 02NH01T2019：169

　　标本 02NH01T2019：170，釉面光洁莹润。外底无釉处呈酱色。口径 20.6、足径 5.6、高 7.5 厘米（彩版 4-226）。

　　标本 02NH01T2019：171，外底无釉处泛黄，边缘垫烧痕迹呈酱褐色。外壁可见轮修痕迹。口径 20.8、足径 5.8、高 7.3 厘米（彩版 4-227）。

　　标本 02NH01T2019：175，外底无釉处泛黄。口径 20.5、足径 5.8、高 7.3 厘米（彩版 4-228）。

彩版 4-226　　青白瓷碗 02NH01T2019：170　　　　　　　彩版 4-227　　青白瓷碗 02NH01T2019：171

彩版 4-228　　青白瓷碗 02NH01T2019：175

标本 02NH01T2019：174，釉色泛淡青，呈色淡雅，釉面有稀疏长条状开片。外底无釉处泛黄。口径 20.8、足径 5.7、高 7.6 厘米（彩版 4-229）。

标本 02NH01T2020：324，釉色泛白，釉面有长条状开片。口径 20.3、足径 5.7、高 7.2 厘米（彩版 4-230）。

标本 02NH01T2019：173，釉色泛淡青，呈色淡雅。外底无釉处泛黄。口径 20.0、足径 5.6、高 6.9 厘米。

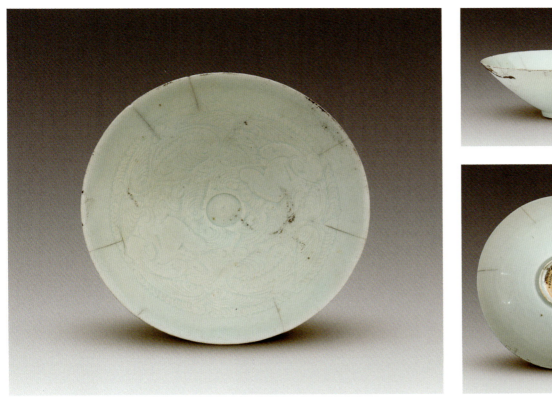

彩版 4-229　青白瓷碗 02NH01T2019：174

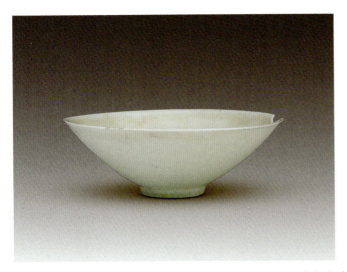

彩版 4-230　青白瓷碗 02NH01T2020：324

B 型　15 件。

弧腹较浅，内底边缘有一道凹线，内底较阔，圈足沿较窄，足底微凸。外壁大多可见轮修痕迹，外底有垫烧痕迹。

标本 02NH01T2019：179，釉色泛淡青，釉面布满细碎开片，内壁口沿下有流釉痕迹。外底无釉处泛黄，边缘有酱褐色垫烧痕迹。口径 19.6、足径 5.7、高 5.8 厘米（图 4-44，2；彩版 4-231）。

标本 02NH01T2019：433，内壁口沿下有流釉痕迹。外底无釉处泛黄。口径 19.7、足径 6.2、高 5.7 厘米（图 4-45，1；彩版 4-232）。

标本 02NH01T2019：176，釉色泛灰白，釉面有乳浊感，外壁布满细长开片，内底心脱釉开裂。内壁口沿及外壁有海底淤积而成的黑色污迹。外底心泛黄色。口径 19.2、足径 5.5、高 5.5 厘米（彩版 4-233）。

标本 02NH01T2019：177，外壁开细碎纹片。外底无釉处泛黄。口径 19.2、足径 5.3、高 5.6 厘米（彩版 4-234）。

标本 02NH01T2019：178，釉面开细碎纹片。外底无釉处泛黄，边缘垫烧痕迹明显，呈褐色。口径 19.5、足径 5.4、高 5.7 厘米（彩版 4-235）。

标本 02NH01T2019：181，釉色泛白，釉面开细碎开片，内底有缩釉斑痕。外底无釉处泛黄。口径 19.5、足径 5.6、高 6.1 厘米（彩版 4-236）。

标本 02NH01T2019：428，釉面光洁莹润。外底无釉处呈浅火石红色。口径 19.9、足径 5.5、高 5.4

彩版 4-231　青白瓷碗 02NH01T2019：179

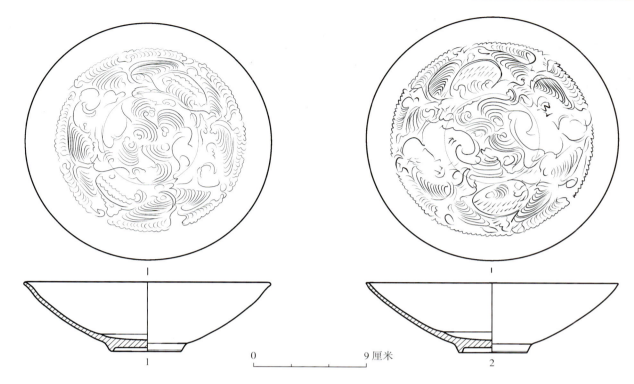

图 4-45 景德镇窑 B 型青白瓷碗

1. 02NH01T2019：433 2. 02NH01T2020：322

彩版 4-232 青白瓷碗 02NH01T2019：433   彩版 4-233 青白瓷碗 02NH01T2019：176

彩版 4-234　青白瓷碗 02NH01T2019：177

彩版 4-235　青白瓷碗 02NH01T2019：178

厘米（彩版 4-237）。

标本 02NH01T2019：431，釉色浅淡。外底心无釉处泛黄。口径 20.0、足径 5.7、高 5.5 厘米（彩版 4-238）。

标本 02NH01T2019：432，釉色泛灰白，釉面布满细碎开片，内壁粘有海底淤积而成的黑色污迹。外底无釉处泛黄。口径 19.2、足径 5.3、高 5.6 厘米（彩版 4-239）。

彩版 4-236 青白瓷碗 02NH01T2019：181

彩版 4-237 青白瓷碗 02NH01T2019：428

彩版 4-238 青白瓷碗 02NH01T2019：431　　　　　彩版 4-239 青白瓷碗 02NH01T2019：432

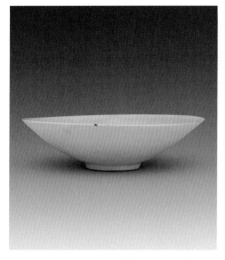

彩版 4-240　青白瓷碗 02NH01T2019：434

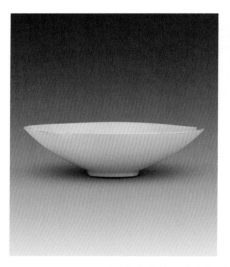
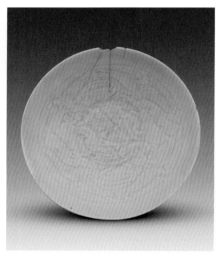

彩版 4-241　青白瓷碗 02NH01T2020：322

彩版 4-242　青白瓷碗 02NH01T2020：321

标本 02NH01T2019：434，釉色泛淡青色，釉面光洁莹润。外底无釉处泛黄，边缘垫烧痕泛黄褐色。口径 20.3、足径 5.8、高 5.9 厘米（彩版 4-240）。

标本 02NH01T2020：322，釉面光洁莹润，外底无釉处微泛黄，边缘粘有渣粒。口径 20.0、足径 5.9、高 5.7 厘米（图 4-45，2；彩版 4-241）。

标本 02NH01T2020：321，釉色淡雅，釉面布满细碎开片。外底无釉处泛黄，底心有施釉凹痕。口径 19.7、足径 5.6、高 5.8 厘米（彩版 4-242）。

标本 02NH01T2019：180，釉色泛灰白，有乳浊感，口部有细碎开片。外底无釉处泛黄。纹饰不清晰。口径 19.5、足径 5.5、高 5.7 厘米。

标本 02NH01TC：1，釉色泛灰白，有乳浊感，内壁口沿及外壁有黑色污迹。外底无釉处泛黄。口径 19.3、足径 5.4、高 5.7 厘米（彩版 4-243）。

标本 02NH01TC：2，釉色泛白，有乳浊感，釉面有棕眼和黑斑，内壁及外壁口沿有黑色污迹。外底无釉处泛黄。刻纹不清晰。烧成略欠火候。口径 19.4、足径 5.3、高 6 厘米（彩版 4-244）。

彩版 4-243 青白瓷碗 02NH01TC：1

彩版 4-244 青白瓷碗 02NH01TC：2

2. 盏

129 件。

敞口，尖唇，弧腹较深，圈足或饼形足。胎色白，质细腻。内外均施青白釉，釉面光洁莹润。根据器形和装饰工艺的差异，分三型。

A 型 53 件。

菊瓣纹盏。菊瓣状花口，斜弧腹，由口至身压印成菊瓣状纹，内壁花瓣边缘棱线凸起明显，内底心多模印花瓣纹。底足无釉，余均施釉。根据足的形制差异，分两亚型。

Aa 型 42 件。

圈足，足略收。

　　标本 02NH01T2019：1391，足沿较窄，足墙斜向内挖，挖足很浅，外底平，可见多道旋挖凹线痕，色泛黄褐。釉色浅淡，釉面光润。内底心印一朵五瓣花纹。口径 10.6、足径 3.1、高 4.1 厘米（图 4-46，1；彩版 4-245）。

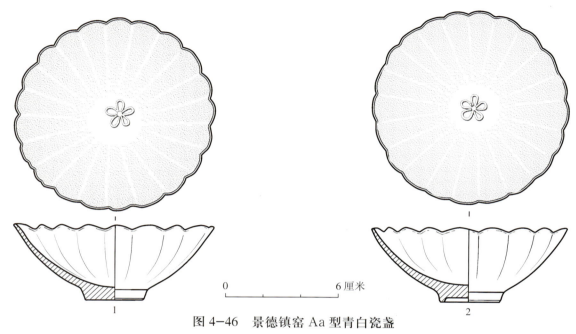

图 4-46　景德镇窑 Aa 型青白瓷盏

1. 02NH01T2019：1391　　2. 02NH01T2019：1397

彩版 4-245　青白瓷盏 02NH01T2019：1391

标本 02NH01T2019：1397，圈足沿较宽，挖足较浅，外底心微弧。外壁下腹部可见一道修坯而成的凹纹。釉色泛白，外壁釉面开细碎纹片。内底心印一朵五瓣花纹，纹样清晰。外底有垫烧痕迹。口径 10.4、足径 3.2、高 4.1 厘米（图 4-46，2；彩版 4-246）。

标本 02NH01T2019：1405，足墙较窄，挖足很浅，外底平，有修足痕迹。釉色泛灰白，釉面布满细密开片。内底心凸弦纹内印一朵五瓣花纹，纹样清晰。口径 12.4、足径 3.8、高 5.1 厘米（图 4-47，1；彩版 4-247）。

彩版 4-246　青白瓷盏 02NH01T2019：1397

彩版 4-247　青白瓷盏 02NH01T2019：1405

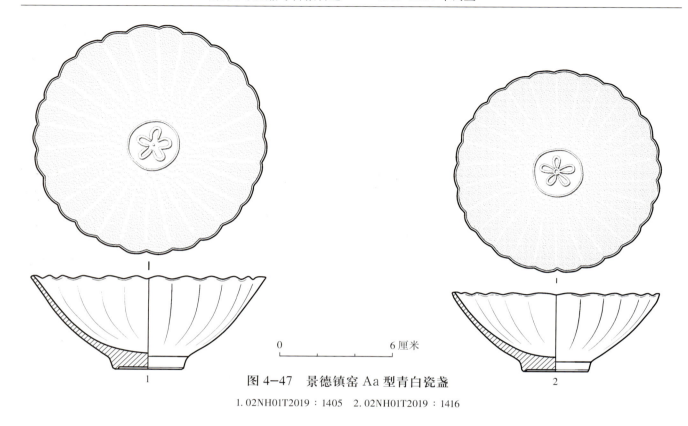

图 4-47　景德镇窑 Aa 型青白瓷盏

1. 02NH01T2019：1405　　2. 02NH01T2019：1416

彩版 4-248　青白瓷盏 02NH01T2019：1416

标本 02NH01T2019：1416，足墙窄，挖足浅，外底微凸，有修足痕迹。釉色泛灰，釉面布满细密开片。内底心凸弦纹内印一朵五瓣花纹。口径 11.2、足径 3.5、高 4.3 厘米（图 4-47，2；彩版 4-248）。

标本 02NH01T2019：1392，足沿较窄，足墙斜向内挖，挖足极浅，外底平。釉色泛白，釉面光润。内底心印有一朵五瓣花纹，纹样清晰。口径 11.4、足径 3.3、高 4.4 厘米（彩版 4-249）。

标本 02NH01T2019：1396，圈足沿较宽，足沿内侧斜削，挖足浅，外底心微凸，修足痕迹明显。

釉色泛白。内底心印一朵五瓣花纹。足沿及外底有垫烧痕迹。口径 11.3、足径 3.4、高 4.1 厘米（彩版 4-250）。

标本 02NH01T2019：1399，圈足沿较宽，挖足浅，外底心微凸。釉色泛灰白。内底心印一朵五瓣花纹，纹样清晰。内、外壁轮修痕迹明显，外壁下腹部可见一周细跳刀痕。足沿及外底有垫烧痕迹。口径 11.1、足径 3.3、高 4.2 厘米（彩版 4-251）。

彩版 4-249　青白瓷盏 02NH01T2019：1392

彩版 4-250　青白瓷盏 02NH01T2019：1396

彩版 4-251　青白瓷盏 02NH01T2019：1399

标本 02NH01T2019：1400，圈足沿较窄，挖足浅，外底平。釉色泛灰，釉面布满细密开片。内底心凸弦纹内印一朵五瓣花纹。口径 11.2、足径 3.3、高 4.4 厘米（彩版 4-252）。

标本 02NH01T2019：1407，圈足沿窄，挖足浅，外底平。釉色泛灰，釉面布满细密开片。内底心凸弦纹内印一朵五瓣花纹。口径 11.3、足径 3.5、高 4.4 厘米（彩版 4-253）。

标本 02NH01T2019：1410，圈足沿窄，挖足浅，外底心微凸。釉色泛灰白，釉面布满细密开片。内底心凸弦纹内印一朵五瓣花纹。口径 11.1、足径 3.5、高 4.3 厘米（彩版 4-254）。

标本 02NH01T2019：1412，圈足沿窄，挖足浅，外底心微凸。釉色泛灰，釉面布满细密开片。内底心凸弦纹内印一朵五瓣花纹。口径 11.4、足径 3.6、高 4.3 厘米（彩版 4-255）。

彩版 4-252　青白瓷盏 02NH01T2019：1400

彩版 4-253　青白瓷盏 02NH01T2019：1407

彩版 4-254　青白瓷盏 02NH01T2019：1410

彩版 4-255　青白瓷盏 02NH01T2019：1412

标本 02NH01T2019：1413，圈足沿窄，挖足浅，外底心微凸。釉色泛灰，釉面布满细密开片。内底心凸弦纹内印一朵五瓣花纹。口径 11.5、足径 3.2、高 4.3 厘米（彩版 4-256）。

标本 02NH01T2019：1418，圈足沿窄，挖足浅，外底心微凸。釉色泛灰，釉面布满细密开片，有黑色灰斑。内底心凸弦纹内印一朵五瓣花纹。口径 11.1、足径 3.5、高 4.2 厘米（彩版 4-257）。

标本 02NH01T2020：308，圈足沿较宽，挖足较浅，外底心微凸。釉色淡雅，釉面布满细密开

彩版 4-256　青白瓷盏 02NH01T2019：1413　　　　　彩版 4-257　青白瓷盏 02NH01T2019：1418

片。内底心凸弦纹内印一朵五瓣花纹。口径 11.1、足径 3.1、高 3.9 厘米（彩版 4-258）。

标本 02NH01T2020：307，圈足沿较宽，挖足较浅，外底心微凸。足沿边缘呈浅火石红色。釉面开细碎纹片。内壁菊瓣棱线突出，内底心凸弦纹内印一朵六瓣花纹，纹样清晰。足沿有垫烧痕迹。口径 11.2、足径 3.3、高 4.0 厘米（图 4-48，1；彩版 4-259）。

标本 02NH01T2020：309，圈足沿较宽，内侧斜削，挖足较浅，外底心微凸。釉色浅淡，釉面布满细密开片，圈足外墙釉层较厚。菊瓣纹棱线突出，内底心印一朵六瓣花纹。口径 11.2、足径 3.2、高 4.0 厘米（彩版 4-260）。

标本 02NH01T2020：310，圈足沿较宽，内侧斜削，挖足较浅，外底心微凸。釉色泛灰，釉面开细碎纹片，有黑色沁痕。内底心印一朵六瓣花纹。口径 11.2、足径 3.2、高 4.0 厘米（彩版 4-261）。

标本 02NH01T2020：1167，足沿较宽，挖足较浅，外底心微凸。釉色浅淡，釉面光润，足沿

彩版 4-258　青白瓷盏 02NH01T2020：308

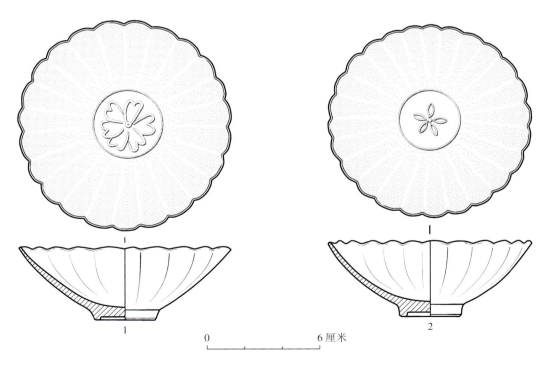

图 4-48　景德镇窑 Aa 型青白瓷盏

1. 02NH01T2020：307　2. 02NH01T2020：1167

彩版 4-259　青白瓷盏 02NH01T2020：307

彩版 4-260　青白瓷盏 02NH01T2020：309

彩版 4-261　青白瓷盏 02NH01T2020：310

彩版 4-262　青白瓷盏 02NH01T2020：1167

及外底无釉处呈黄褐色。内底心凸弦纹内印一朵细五瓣花纹，纹样清晰。足沿垫烧痕迹明显。口径 10.9、足径 3.3、高 4.1 厘米（图 4-48，2；彩版 4-262）。

　　标本 02NH01T2020：1171，圈足沿较窄，挖足浅，外底心微凸，有修足痕迹。外壁腹部坯体上有一周不平整突起，应为修坯所致。釉色浅淡，釉面光润，足沿及外底无釉处呈褐色。内底心凸弦纹内印一朵细五瓣花。足沿垫烧痕迹明显，粘有渣粒。口径 10.7、足径 3.1、高 3.9 厘米（图 4-49，1；彩版 4-263）。

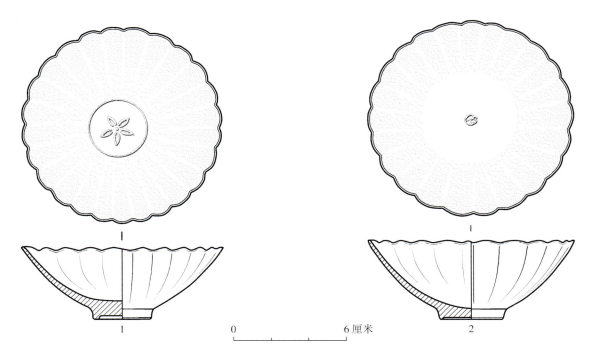

图 4-49　景德镇窑 Aa 型青白瓷盏

1. 02NH01T2020：1171　2. 02NH01T2021：7

彩版 4-263　青白瓷盏 02NH01T2020：1171

彩版 4-264　青白瓷盏 02NH01T2020：1165

标本 02NH01T2020：1165，圈足沿较窄，挖足浅，外底心微凸，底部旋修痕明显。釉色淡雅，釉面光洁莹润，足沿及外底无釉处呈黄褐色。内壁菊瓣纹棱线突出，内底心凸弦纹内印一朵细五瓣花纹。足沿垫烧痕迹明显。口径 10.9、足径 3.1、高 4.0 厘米（彩版 4-264）。

标本 02NH01T2020：1166，圈足沿较宽，挖足较浅，外底心微凸。釉泛淡青色，釉面光洁莹润，足沿及外底无釉处呈酱褐色。内壁菊瓣纹棱线突出，内底心凸弦纹内印一朵细五瓣花纹。足沿有垫烧痕迹。口径 10.9、足径 3.1、高 4.1 厘米（彩版 4-265）。

标本 02NH01T2020：1169，圈足沿窄，挖足浅，外底平。釉色淡青，釉面光洁莹润，足沿及外底无釉处呈黄褐色。内底心凸弦纹内印一朵细五瓣花纹。口径 10.5、足径 3.1、高 3.9 厘米（彩版 4-266）。

标本 02NH01T2020：1172，圈足沿窄，挖足浅，外底心微凸，底部修足旋痕明显。足沿及外底无釉处呈黄褐色。内底心凸弦纹内印一朵细五瓣花纹。足沿有垫烧痕迹。口径 10.9、足径 3.3、

彩版 4-265　青白瓷盏 02NH01T2020：1166

彩版 4-266　青白瓷盏 02NH01T2020：1169

高 4.1 厘米（彩版 4-267）。

标本 02NH01T2020：1174，圈足沿较宽，挖足较浅，外底心微凸。釉色泛淡青色，釉面光洁莹润，足沿及外底无釉处呈褐色。内壁菊瓣纹棱线突出，内底心凸弦纹内印一朵细五瓣花纹。足沿垫烧痕迹明显。口径 10.8、足径 3.2、高 4.1 厘米（彩版 4-268）。

标本 02NH01T2020：1175，圈足沿较窄，挖足浅，外底心微凸，底部修足旋痕明显。足沿及外底无釉处呈黄褐色。内底心凸弦纹内印一朵细五瓣花纹。足沿有垫烧痕迹。口径 10.8、足径 3.2、高 4 厘米（彩版 4-269）。

标本 02NH01T2021：7，圈足沿较宽，挖足浅，外底平，有修足痕迹。外壁轮修痕迹明显。釉色泛白，釉面有少许细开片。内底心印花卉纹，图案不清。足沿有垫烧痕迹。口径 10.9、足径 3.4、高 4.3 厘米（图 4-49，2；彩版 4-270）。

标本 02NH01T2021：3，足墙较窄，挖足浅，并见几道凹弦纹，外底平。外壁轮修痕迹明显。釉色淡青，色泽淡雅，内底边缘釉层略厚，底足无釉处呈黄褐或黑褐色。内底心印花不清。足沿有

彩版 4-267　青白瓷盏 02NH01T2020：1172

彩版 4-268　青白瓷盏 02NH01T2020：1174

彩版 4-269　青白瓷盏 02NH01T2020：1175

彩版 4-270　青白瓷盏 02NH01T2021：7

垫烧痕迹，足底粘连海底凝结物。口径 11.8、足径 3.5、高 4.9 厘米（图 4-50，1；彩版 4-271）。

　　标本 02NH01T2021：2，圈足沿较窄，宽度不均匀，挖足浅，外底心微凸。釉色泛白，釉面光洁莹润，有稀疏开片。内底心凸弦纹内印一朵花卉纹，线条细腻。外壁轮修痕迹明显。口径 12.4、足径 3.8、高 4.8 厘米（彩版 4-272）。

　　标本 02NH01T2021：5，圈足沿较窄，挖足浅，外底平。内底釉面落有黑褐色斑块。内底心凸

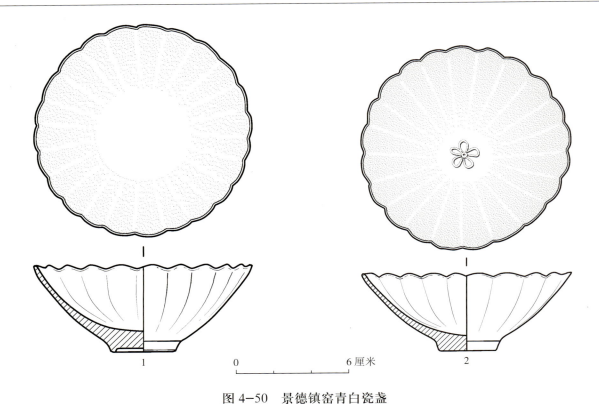

图 4-50　景德镇窑青白瓷盏

1. Aa 型（02NH01T2021：3）　　2. Ab 型（02NH01T2019：1390）

彩版 4-271　青白瓷盏 02NH01T2021：3　　　　　　　　　彩版 4-272　青白瓷盏 02NH01T2021：2

弦纹内印花，纹样不清。口径 12.4、足径 3.8、高 5.1 厘米（彩版 4-273）。

标本 02NH01T2021：10，圈足沿较窄，宽度不均匀，挖足浅，外底心微凸。内底心凸弦纹内印花，纹样不清。口径 12.0、足径 3.9、高 4.8 厘米（彩版 4-274）。

标本 02NH01T2021：12，圈足沿较窄，宽度不均匀，挖足浅，外底较平。内底心凸弦纹内印一折枝花卉纹。口径 11.2、足径 3.7、高 4.2 厘米（彩版 4-275）。

彩版 4-273　青白瓷盏 02NH01T2021：5　　　　彩版 4-274　青白瓷盏 02NH01T2021：10

彩版 4-275　青白瓷盏 02NH01T2021：12

Ab 型　　11 件。

饼形足，足外墙略收，外底平，足边缘垫烧痕迹明显。

标本 02NH01T2019：1390，釉面开细密纹片。底足无釉，呈黄褐色。内底心印一朵五瓣花纹。口径 11.2、足径 3.1、高 4.3 厘米（图 4-50，2；彩版 4-276）。

标本 02NH01T2019：1401，底部旋修痕迹明显。釉色泛灰，底部无釉处呈褐色。内底心印一朵五瓣花纹，纹样清晰。口径 10.7、足径 3.2、高 4.2 厘米（图 4-51，1；彩版 4-277）。

标本 02NH01T2019：1393，底部旋修痕迹明显。釉色泛灰，外底足无釉处呈黄褐色。内底心印一朵五瓣花纹，纹样清晰。口径 11.5、足径 3.4、高 4.2 厘米（彩版 4-278）。

彩版 4-276　青白瓷盏 02NH01T2019：1390

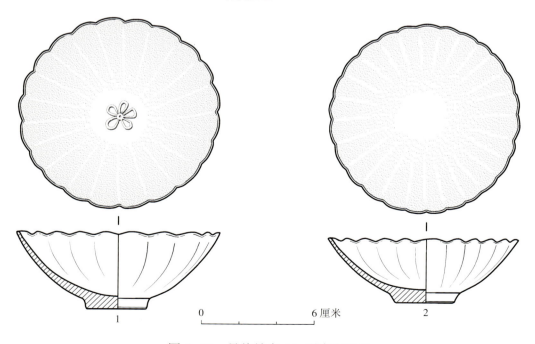

0　　　　　　6 厘米

图 4-51　景德镇窑 Ab 型青白瓷盏

1. 02NH01T2019：1401　2. 02NH01T2020：1168

彩版 4-277 青白瓷盏 02NH01T2019：1401

彩版 4-278 青白瓷盏 02NH01T2019：1393

彩版 4-279 青白瓷盏 02NH01T2019：1394

　　标本 02NH01T2019：1394，口部变形。底部有一道挖足痕，旋修痕迹明显。釉色泛灰，外底足无釉处呈黄褐色。内底心印一朵五瓣花纹，纹样清晰。口径 11.5、足径 3.3、高 4.1 厘米（彩版4-279）。

　　标本 02NH01T2019：1398，釉色泛灰白，釉面有灰褐色斑点。内底心印一朵五瓣花纹。口径11.2、足径 3.4、高 4.1 厘米（彩版 4-280）。

　　标本 02NH01T2019：1403，外底旋修痕迹明显。釉色泛灰。内底心印一朵五瓣花纹，纹样清晰。口径 11.3、足径 3.6、高 4.1 厘米（彩版 4-281）。

　　标本 02NH01T2020：1168，釉色浅淡，内底心积釉处呈青翠色，釉面光洁莹润。底足无釉处呈黄褐色，边缘粘有渣粒。口径 10.1、足径 3.1、高 3.5 厘米（图 4-51，2；彩版 4-282）。

　　标本 02NH01T2020：16，外底心微凹。釉色泛白，釉面光洁莹润。内底心印纹不清。外壁轮修痕迹明显。口径 12.4、足径 3.5、高 5.5 厘米（彩版 4-283）。

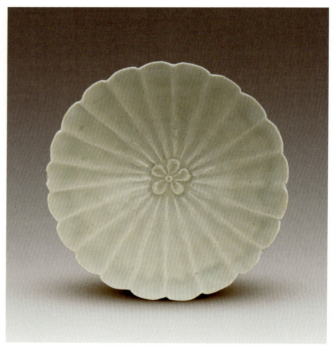

彩版 4-280　青白瓷盏 02NH01T2019：1398　　　　彩版 4-281　青白瓷盏 02NH01T2019：1403

彩版 4-282　青白瓷盏 02NH01T2020：1168

彩版 4-283　青白瓷盏 02NH01T2020：16

标本 02NH01T2120：2，釉色浅淡，釉面布满细密开片，底足无釉处呈黄褐色。内底心印一朵五瓣花纹。外底旋修痕迹明显。口径 11.2、足径 3.3、高 4.2 厘米（彩版 4-284）。

B 型　66 件。

芒口。花口，口部修削成葵花状，敞口，弧腹较深，内底心有小圆形突起，圈足较高，微外

彩版 4-284　青白瓷盏 02NH01T2120：2

撇，足沿窄平，厚度较均匀，外底较平，底心有小凸。通体施青白釉，多呈淡青色，釉面光洁莹润。口沿及内外两侧刮釉，呈芒口状。内底心圆突边缘印一道凸弦纹，内壁口沿下至凸弦纹之间大多模印八条叶脉纹，呈弯曲放射状，布局均匀，线条流畅。外壁可见轮修痕迹。

标本 02NH01T2019：1170，口径 10.8、足径 4.5、高 5.6 厘米（图 4-52，1；彩版 4-285）。

标本 02NH01T2019：1174，外底边缘有一道修足痕。口径 10.9、足径 4.5、高 5.9 厘米（图 4-52，2；彩版 4-286）。

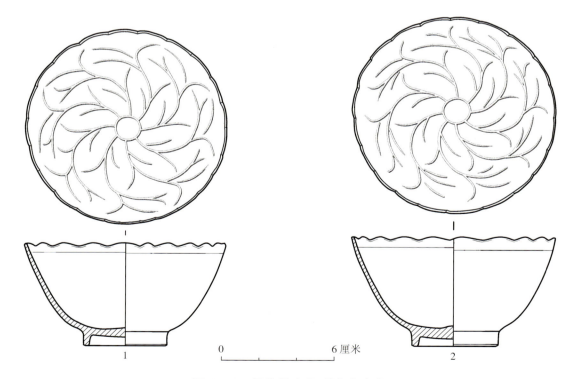

图 4-52　景德镇窑 B 型青白瓷盏

1. 02NH01T2019：1170　　2. 02NH01T2019：1174

彩版 4-285　青白瓷盏 02NH01T2019：1170

彩版 4-286　青白瓷盏 02NH01T2019：1174

标本 02NH01T2019：1201，釉色略泛白。内口沿下印一周回纹，其下模印七条叶脉纹，内底心凸弦纹内印一朵五瓣花纹。口径 10.9、足径 4.7、高 5.6 厘米（图 4-53，1；彩版 4-287）。

标本 02NH01T2019：1191，挖足略深。口径 10.7、足径 4.4、高 5.5 厘米（图 4-53，2；彩版 4-288）。

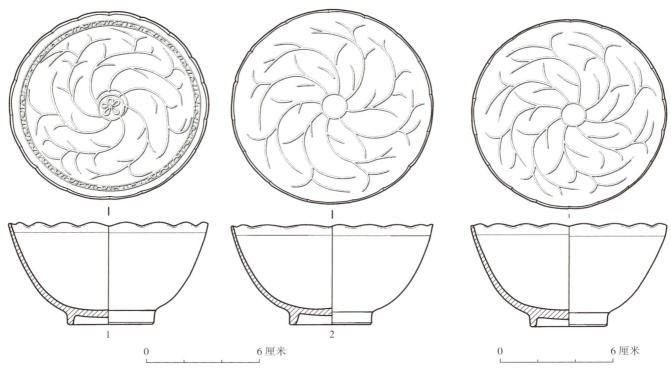

图 4-53　景德镇窑 B 型青白瓷盏
1. 02NH01T2019：1201　2. 02NH01T2019：1191

图 4-54　景德镇窑 B 型青白瓷盏
（02NH01T2019：1375）

彩版 4-287　青白瓷盏 02NH01T2019：1201

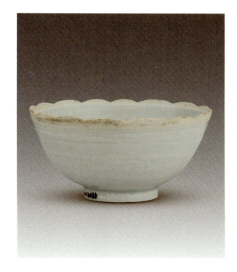

彩版 4-288　青白瓷盏 02NH01T2019：1191

彩版 4-289　青白瓷盏 02NH01T2019：1375

标本 02NH01T2019：1375，釉色泛淡青。口径 10.7、足径 4.2、高 5.6 厘米（图 4-54；彩版 4-289）。

标本 02NH01T2019：1167，釉面有少量缩釉斑。口径 10.8、足径 4.4、高 5.7 厘米（彩版 4-290）。

标本 02NH01T2019：1168，釉色泛白。口径 10.8、足径 4.6、高 5.5 厘米（彩版 4-291）。

标本 02NH01T2019：1176，挖足较深。釉色泛灰白。口径 10.9、足径 4.5、高 5.7 厘米（彩版 4-292）。

标本 02NH01T2019：1177，釉色泛灰白。口径 10.9、足径 4.5、高 5.6 厘米（彩版 4-293）。

标本 02NH01T2019：1169，釉色泛淡青。口径 10.8、足径 4.6、高 5.7 厘米（彩版 4-294）。

标本 02NH01T2019：1178，釉色泛淡青。口径 11.0、足径 4.5、高 5.7 厘米（彩版 4-295）。

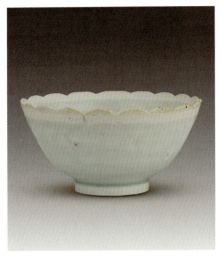

彩版 4-290　　青白瓷盏 02NH01T2019：1167

彩版 4-291　　青白瓷盏 02NH01T2019：1168

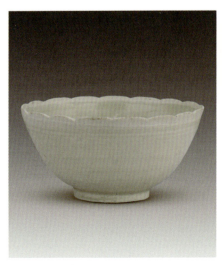
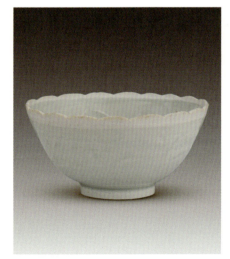

彩版 4-292　　青白瓷盏 02NH01T2019：1176　　　　　　　彩版 4-293　　青白瓷盏 02NH01T2019：1177

彩版 4-294　青白瓷盏 02NH01T2019：1169

彩版 4-295　青白瓷盏 02NH01T2019：1178

标本 02NH01T2019：1188，釉色泛淡青。口径 10.9、足径 4.4、高 5.6 厘米（彩版 4–296）。

标本 02NH01T2019：1192，口径 10.7、足径 4.5、高 5.6 厘米（彩版 4–297）。

标本 02NH01T2019：1202，釉色泛淡青。口径 10.7、足径 4.5、高 5.7 厘米（彩版 4–298）。

标本 02NH01T2019：1370，釉色泛淡青。口径 10.7、足径 4.5、高 5.6 厘米（彩版 4–299）。

标本 02NH01T2019：1371，口径 10.9、足径 4.5、高 5.8 厘米（彩版 4–300）。

标本 02NH01T2019：1364，口径 10.8、足径 4.6、高 5.6 厘米（彩版 4–301）。

标本 02NH01T2019：1372，口径 10.8、足径 4.5、高 5.8 厘米（彩版 4–302）。

标本 02NH01T2019：1374，口沿有多处烧造时形成的裂痕。口径 10.8、足径 4.6、高 5.7 厘米（彩版 4–303）。

彩版 4–296　青白瓷盏 02NH01T2019：1188

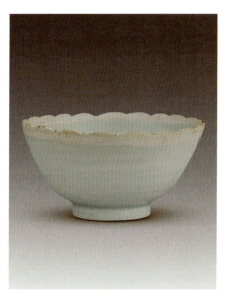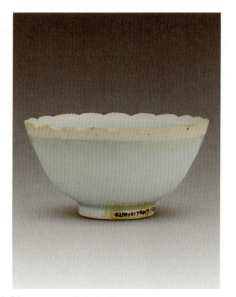

彩版 4–297　青白瓷盏 02NH01T2019：1192　　　　　彩版 4–298　青白瓷盏 02NH01T2019：1202

彩版 4-299　青白瓷盏 02NH01T2019：1370

彩版 4-300　青白瓷盏 02NH01T2019：1371

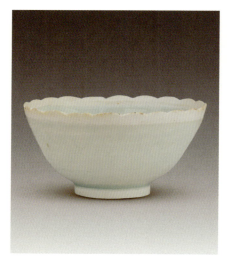

彩版 4-301　青白瓷盏 02NH01T2019：1364

彩版 4-302　青白瓷盏 02NH01T2019：1372　　　　　彩版 4-303　青白瓷盏 02NH01T2019：1374

标本02NH01T2019：1376，釉色泛淡青。口径10.9、足径4.6、高5.6厘米（彩版4-304）。

标本02NH01T2019：1378，口径10.9、足径4.6、高5.8厘米（彩版4-305）。

标本02NH01T2019：1379，釉色泛淡青。口径10.8、足径4.5、高5.5厘米（彩版4-306）。

标本02NH01T2019：1472，釉色略泛灰。口径10.8、足径4.4、高5.7厘米（彩版4-307）。

标本02NH01T2019：1474，釉色泛淡青。外底边缘釉下遗留有修坯渣粒。口径10.7、足径4.5、高5.6厘米（彩版4-308）。

标本02NH01T2019：1476，釉色略泛灰。口径10.8、足径4.5、高5.7厘米（彩版4-309）。

标本02NH01T2019：1477，釉色略泛灰。口径10.9、足径4.6、高5.9厘米（彩版4-310）。

标本02NH01T2019：1479，釉面有少量灰斑。口径10.8、足径4.6、高5.5厘米（彩版4-311）。

标本02NH01T2019：1480，口径11、足径4.5、高5.7厘米（彩版4-312）。

标本02NH01T2019：1163，外壁腹底端有跳刀痕。口径

彩版4-304　青白瓷盏02NH01T2019：1376

彩版4-305　青白瓷盏02NH01T2019：1378

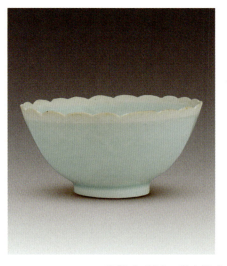

彩版4-306　青白瓷盏02NH01T2019：1379

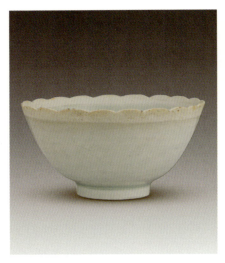

彩版 4-307　　青白瓷盏 02NH01T2019：1472

彩版 4-308　　青白瓷盏 02NH01T2019：1474

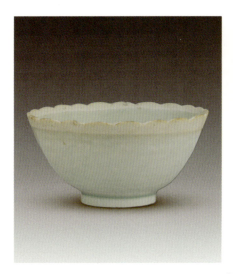

彩版 4-309　　青白瓷盏 02NH01T2019：1476

彩版 4-310　青白瓷盏 02NH01T2019：1477

彩版 4-311　青白瓷盏 02NH01T2019：1479

彩版 4-312　青白瓷盏 02NH01T2019：1480

10.7、足径 4.6、高 5.6 厘米。

标本 02NH01T2019：1172，釉色泛灰白，外壁釉面有落渣。口沿内、外两侧刮釉边缘呈葵花状，与花口形状相一致；外壁胎体上刻一花叶纹，应为无意之作。口径 10.8、足径 4.4、高 5.5 厘米。

标本 02NH01T2019：1380，釉色泛淡青。口径 11.0、足径 4.5、高 5.7 厘米。

标本 02NH01T2019：1183，釉色泛淡青。口径 10.9、足径 4.5、高 5.8 厘米。

标本 02NH01T2019：1190，外底微凸，底部有一褐斑。口径 10.9、足径 4.4、高 5.9 厘米。

C 型　10 件。

芒口。敞口，方唇，弧腹较深，圈足较高，微外撇，足沿窄平，厚度较均匀，外底较平，底心微凸。青白釉，多泛灰白，釉面多开细密纹片，开片处多呈黑色或黄色。内外满釉，仅口沿及内外两侧刮釉，呈芒口状。内壁模印花纹，口沿下印一圈回纹，其下为缠枝花卉纹，底心印一朵菊瓣纹。纹样复杂，布局繁密，印纹清晰。口沿处多有海底淤积而成的黑色污迹。

标本 02NH01T2020：1202，口径 11.1、足径 3.9、高 5.2 厘米（图 4-55，1；彩版 4-313）。

标本 02NH01T2020：1203，口径 10.8、足径 4.0、高 5.1 厘米（图 4-55，2；彩版 4-314）。

标本 02NH01T2020：1201，口部略变形。口径 11.2、足径 4.3、高 5.4 厘米（彩版 4-315）。

标本 02NH01T2020：1204，口部略变形。内底边缘有叠烧的粘连痕迹。口径 11.2、足径 4.4、高 5.3 厘米（彩版 4-316）。

标本 02NH01T2020：1205，口部变形。口径 11.0、足径 4.3、高 5.3 厘米（彩版 4-317）。

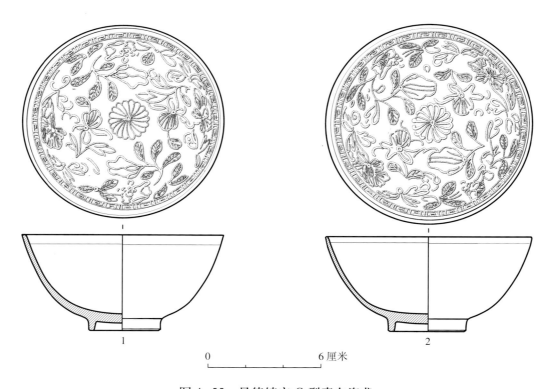

图 4-55　景德镇窑 C 型青白瓷盏
1.02NH01T2020：1202　2.02NH01T2020：1203

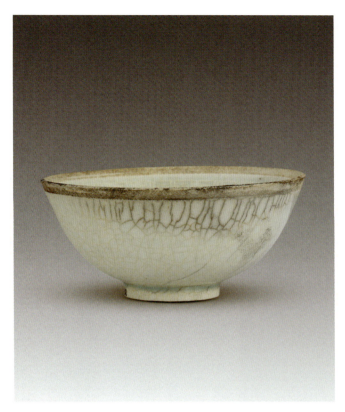

彩版 4-313　青白瓷盏 02NH01T2020：1202

彩版 4-314　青白瓷盏 02NH01T2020：1203

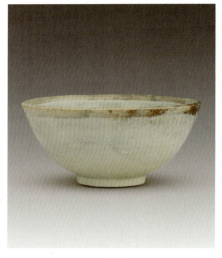

彩版 4-315　青白瓷盏 02NH01T2020：1201

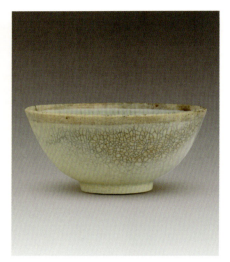

彩版 4-316　青白瓷盏 02NH01T2020：1204

彩版 4-317　青白瓷盏 02NH01T2020：1205

标本 02NH01T2020：1206，内壁有黄褐色沁斑，足底有胎裂。口径 10.9、足径 4.0、高 5.4 厘米（彩版 4-318）。

标本 02NH01T2020：1207，口径 11.3、足径 4.3、高 5.3 厘米（彩版 4-319）。

标本 02NH01T2020：1209，口部变形。釉色泛淡青。口径 10.9、足径 4.1、高 5.3 厘米（彩版 4-320）。

标本 02NH01T2020：1208，口部变形。釉面有小棕眼。口径 11.2、足径 4.2、高 5.4 厘米（彩版 4-321）。

标本 02NH01T2020：1210，口径 11.0、足径 4.3、高 5.2 厘米。

3. 盘

77 件。

敞口，弧腹，圈足或饼形足。胎色白，质细腻。青白釉，釉面多光亮。根据器形差异，分三型。

彩版 4-318　青白瓷盏 02NH01T2020：1206

彩版 4-319　青白瓷盏 02NH01T2020：1207

彩版 4-320　青白瓷盏 02NH01T2020：1209

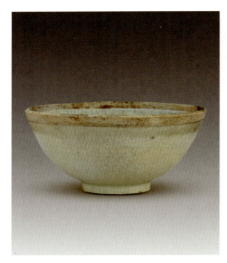

彩版 4-321   青白瓷盏 02NH01T2020：1208

A 型   10 件。

花口，口部修削成葵花状。敞口，方唇，浅弧腹，内底心有一圆形突起，矮圈足，挖足浅，内侧挖削痕迹明显，多呈凹槽状，外底较平，底心微凹。盘内、外均施青白釉，色泛白，釉面光洁莹润，底足无釉而泛黄。内底圆突边缘印一圈凸弦纹，内壁花口下至凸弦纹之间多模印八条叶脉纹，也有少数为九条或十二条，呈弯曲放射状，布局均匀，线条流畅。外壁腹部有浅刻花纹，有的不明显。外壁多见轮修痕迹，近底端有一道修坯凸棱。底部多有垫烧痕迹。印花工艺与特征与 B 型盏相似。

标本 02NH01T2019：1428，口径 18.6、足径 5.5、高 3.6 厘米（图 4-56，1；彩版 4-322）。

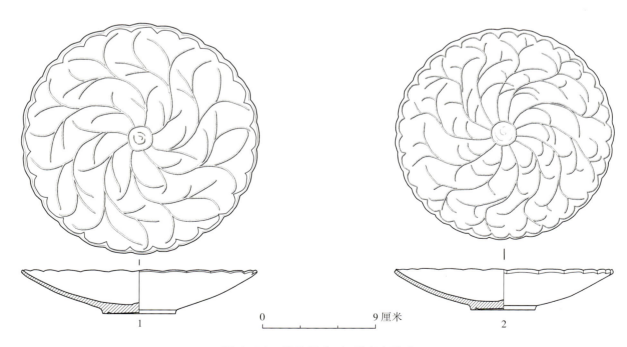

0   9 厘米

图 4-56   景德镇窑 A 型青白瓷盘

1.02NH01T2019：1428   2.02NH01T2019：1483

标本 02NH01T2019：1425，内壁印十二条叶脉纹。口径 17.6、足径 5.3、高 3.4 厘米（彩版 4-323）。

标本 02NH01T2019：1483，内壁印十二条叶脉纹。口径 17.5、足径 5.1、高 3.3 厘米（图 4-56，2；彩版 4-324）。

标本 02NH01T2019：1426，釉面开稀疏纹片。内壁印九条叶脉纹。口径 17.7、足径 5.3、高 3.7 厘米（彩版 4-325）。

标本 02NH01T2019：1429，口径 18.0、足径 5.6、高 3.4 厘米（彩版 4-326）。

标本 02NH01T2019：1430，内壁釉面有灰斑。口径 18.0、足径 5.4、高 3.7 厘米（彩版 4-327）。

标本 02NH01T2019：1431，釉面开细密纹片，有较多灰斑。口径 18.0、足径 5.7、高 3.4 厘米（彩版 4-328）。

彩版 4-322　青白瓷盘 02NH01T2019：1428

彩版 4-323　青白瓷盘 02NH01T2019：1425

彩版 4-324　青白瓷盘 02NH01T2019：1483

彩版 4-325　青白瓷盘 02NH01T2019：1426

彩版 4-326　青白瓷盘 02NH01T2019：1429

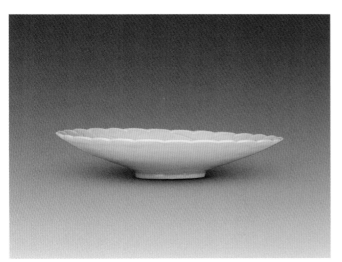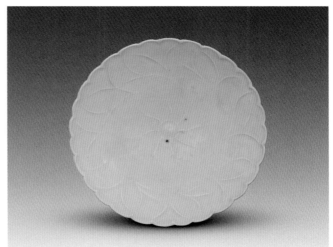

彩版 4-327　青白瓷盘 02NH01T2019：1430

彩版 4-328　青白瓷盘 02NH01T2019：1431

彩版 4-329　青白瓷盘 02NH01T2019：1432　　　　　　　彩版 4-330　青白瓷盘 02NH01T2019：1482

标本 02NH01T2019：1432，口径 18.0、足径 5.6、高 3.6 厘米（彩版 4-329）。

标本 02NH01T2019：1482，内壁印十二条叶脉纹。内底心的圆突有明显旋痕。口径 17.6、足径 5.4、高 3.2 厘米（彩版 4-330）。

标本 02NH01T2019：1427，内壁印十二条叶脉纹。口径 17.7、足径 5.4、高 3.2 厘米。

B 型　51 件。

花口，呈葵花状，宽折沿，弧腹较浅，圈足或饼形足，足较矮，外墙内收，外底较平。内、外均施青白釉，底足无釉处多泛黄褐色。口部宽沿上一般印有卷草纹花边，口沿内外压印呈葵花状，内侧纹较深；内壁腹部一般多无花纹，内底心凸弦纹内多印一朵莲荷纹或折枝梅纹等花卉纹。根据足部的差异，分两亚型。

Ba 型　27 件。

矮圈足，沿窄，挖足浅。足沿多见垫烧痕迹。

标本 02NH01T2020：836，口沿处印卷草纹，内底心印一朵莲荷纹。口径 17.2、足径 4.6、高 3.2 厘米（彩版 4-331）。

标本 02NH01T2020：86，口沿处印卷草纹，内底心印一朵莲荷纹。口径 17.7、足径 4.8、高 3.5 厘米（图 4-57；彩版 4-332）。

彩版 4-331　青白瓷盘 02NH01T2020：836

彩版 4-332　青白瓷盘 02NH01T2020：86

图 4-57　景德镇窑 Ba 型青白瓷盘
（02NH01T2020：86）

图 4-58　景德镇窑 Ba 型青白瓷盘
（02NH01T2020：87）

彩版 4-333　青白瓷盘 02NH01T2020：87

标本02NH01T2020：87，釉面开细纹片。口沿处印卷草纹，内底心印一朵莲荷纹。口径17.5、足径5.2、高3.6厘米（图4-58；彩版4-333）。

标本02NH01T2020：90，釉色泛淡青，釉面开细纹片。口沿处印卷草纹，内底心印一朵莲荷纹。口径17.0、足径4.8、高3.4厘米（彩版4-334）。

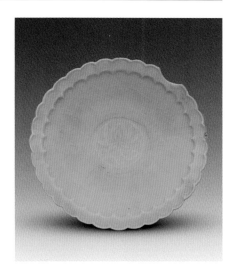

彩版4-334　青白瓷盘02NH01T2020：90

标本02NH01T2020：112，釉色泛白，釉面开细密开片。口沿处印卷草纹，内底心印一朵莲荷纹。外壁足部粘连有海底凝结物。口径16.9、足径4.9、高3.5厘米（彩版4-335）。

标本02NH01T2020：118，釉面布满细密开片。口沿处印卷草纹，内底心印有一朵莲荷纹。口径17.3、足径4.6、高3.5厘米（彩版4-336）。

彩版4-335　青白瓷盘02NH01T2020：112

标本02NH01T2020：831，釉色泛黄，釉面布满细密开片。口沿处印卷草纹，内底心印一朵花卉纹。口径18.0、足径5.0、高3.7厘米（彩版4-337）。

标本02NH01T2020：837，釉色浅淡，釉面开细纹片。口沿处印卷草纹，内底心印一朵莲荷纹。口径17.2、足径4.7、高3.2厘米（彩版4-338）。

标本02NH01T2020：838，口沿处印卷草纹，内底心印一朵莲荷纹。口径16.9、足径4.7、高3.4厘米（彩版4-339）。

标本02NH01T2020：839，

彩版4-336　青白瓷盘02NH01T2020：118

彩版 4-337   青白瓷盘 02NH01T2020：831

彩版 4-338   青白瓷盘 02NH01T2020：837

彩版 4-339   青白瓷盘 02NH01T2020：838

彩版 4-340   青白瓷盘 02NH01T2020：839

釉面布满细密开片。口沿处印卷草纹，内底心印一朵莲荷纹。口径 17.3、足径 4.6、高 3.3 厘米（彩版 4-340）。

标本 02NH01T2020：842，釉面开细碎纹片。口沿处印卷草纹，内底心印一朵莲荷纹。口径 17.0、足径 4.7、高 3.5 厘米（彩版 4-341）。

标本 02NH01T2020：843，釉面布满细密开片。口沿处印卷草纹，内底心印一朵莲荷纹。口径 16.9、足径 4.8、高 3.5 厘米（彩版 4-342）。

彩版 4-341　青白瓷盘 02NH01T2020：842

彩版 4-342　青白瓷盘 02NH01T2020：843

标本 02NH01T2020：844，釉面布满细密开片。口沿处印卷草纹，内底心印一朵莲荷纹。口径 17.0、足径 4.8、高 3.4 厘米（彩版 4-343）。

标本 02NH01T2020：845，釉面布满细密开片。口沿处印卷草纹，内底心印一朵莲荷纹。口径 17.2、足径 4.7、高 3.5 厘米（彩版 4-344）。

标本 02NH01T2020：889，圈足仅在边缘浅削一道。釉色泛灰白，内底落有渣粒。口沿处印卷草纹，内底心印一朵莲荷纹。口径 18.8、足径 5.2、高 4.0 厘米（彩版 4-345）。

标本 02NH01T2021：29，口沿处印卷草纹，内底心印一朵折枝花卉纹。口径 17.9、足径 5.0、高 3.9 厘米（图 4-59，1；彩版 4-346）。

标本 02NH01T2019：438，圈足沿宽窄不均。釉色泛白。口沿处印卷草纹，内底心印花不清。口径 18.1、足径 4.6、高 3.6 厘米（彩版 4-347）。

标本 02NH01T2021：30，釉色泛白，内壁有长开片。口沿处印卷草纹，内底心印一朵折枝梅纹。

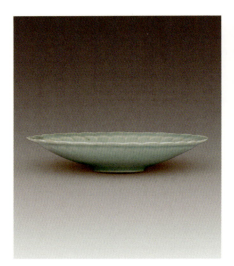

彩版 4-343　青白瓷盘 02NH01T2020：844

彩版 4-344　青白瓷盘 02NH01T2020：845　　　　　彩版 4-345　青白瓷盘 02NH01T2020：889

口径 18.0、足径 4.9、高 3.8 厘米（彩版 4-348）。

标本 02NH01T2020：480，器形较小。釉面有细密开片。内壁印缠枝莲纹，内底心印纹不清。

口径 14.0、足径 3.8、高 3.1 厘米（图 4-59，2；彩版 4-349）。

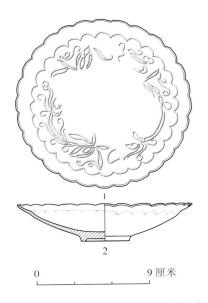

0　　　　　　　　　9厘米

图 4-59　景德镇窑 Ba 型青白瓷盘

1. 02NH01T2021：29　2. 02NH01T2020：480

彩版 4-346　青白瓷盘 02NH01T2021：29

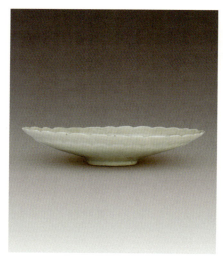

彩版 4-347　青白瓷盘 02NH01T2019：438

彩版 4-348　青白瓷盘 02NH01T2021：30　　　　　彩版 4-349　青白瓷盘 02NH01T2020：480

Bb 型　24 件。

饼形足。足底垫烧痕迹明显，多泛黄褐色。

标本 02NH01T2020：110，釉色泛白，釉面开细纹片。口沿处印卷草纹，内底心印一朵折枝花纹。口径 17.7、足径 4.8、高 3.6 厘米（图 4-60，1；彩版 4-350）。

标本 02NH01T2020：116，釉色泛灰白。口沿处印卷草纹，内底心印一朵折枝梅纹。口径 18.7、足径 6.1、高 3.5 厘米（图 4-60，2；彩版 4-351）。

标本 02NH01T2020：117，口沿处印卷草纹，内底心印一朵折枝梅纹。外壁轮修痕迹明显。口径 17.9、足径 4.9、高 3.5 厘米（图 4-61，1；彩版 4-352）。

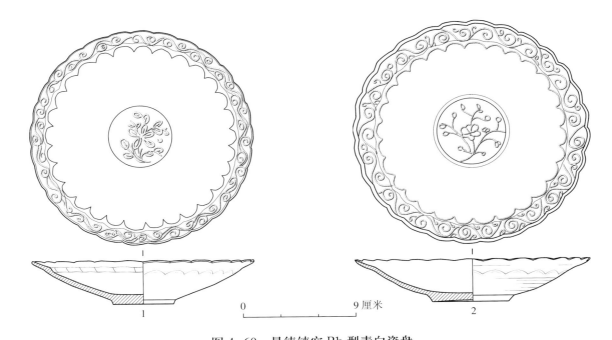

图 4-60　景德镇窑 Bb 型青白瓷盘

1.02NH01T2020：110　2.02NH01T2020：116

彩版 4-350　青白瓷盘 02NH01T2020：110

彩版 4-351　青白瓷盘 02NH01T2020：116

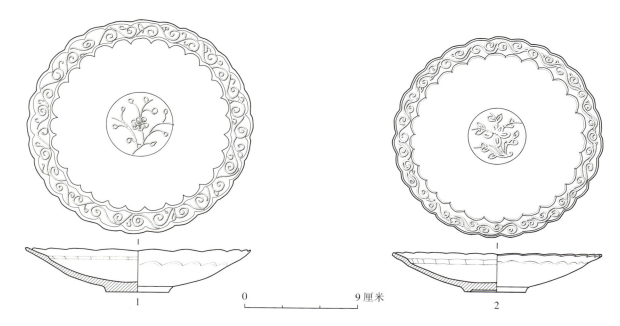

图 4-61　景德镇窑 Bb 型青白瓷盘

1. 02NH01T2020：117　2. 02NH01T2021：34

　　标本 02NH01T2021：34，釉面开细纹片。口沿处印卷草纹，内底心印一朵折枝花卉纹。口径 16.7、足径 5.0、高 3.2 厘米（图 4-61，2；彩版 4-353）。

　　标本 02NH01T2019：1112，釉色泛白，釉面有长开片。口沿处印卷草纹，内底心印一朵花卉纹。口径 17.8、足径 4.8、高 3.6 厘米（彩版 4-354）。

　　标本 02NH01T2020：88，口沿处印卷草纹，内底心印一朵折枝梅纹。外底粘有渣粒。口径 17.8、足径 5.5、高 3.7 厘米（彩版 4-355）。

　　标本 02NH01T2020：113，釉色泛白。口沿处印卷草纹，内底心印一朵折枝梅纹。口径 17.6、足径 5.1、高 3.9 厘米（彩版 4-356）。

彩版 4-352　青白瓷盘 02NH01T2020：117

彩版 4-353　青白瓷盘 02NH01T2021：34

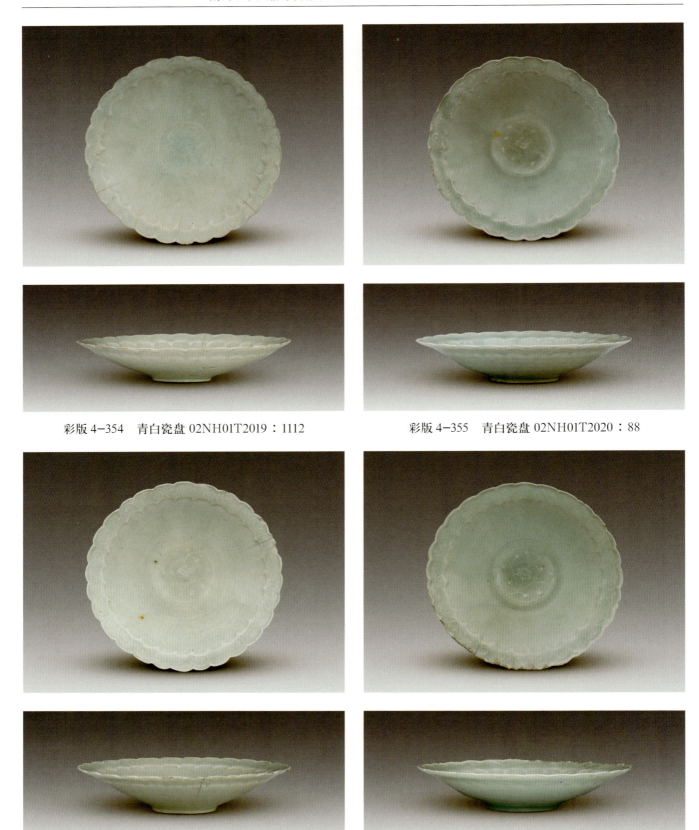

彩版 4-354　青白瓷盘 02NH01T2019：1112

彩版 4-355　青白瓷盘 02NH01T2020：88

彩版 4-356　青白瓷盘 02NH01T2020：113

彩版 4-357　青白瓷盘 02NH01T2020：114

标本 02NH01T2020：114，口沿处印卷草纹，内底心印一朵折枝梅纹。口径 17.7、足径 5.6、高 3.7 厘米（彩版 4-357）。

标本 02NH01T2020：120，釉色泛灰白，釉面有乳浊质感，口沿有大面积落灰痕迹。口沿处印卷草纹，内底心印一朵折枝花卉纹。口径 18.0、足径 4.9、高 3.6 厘米（彩版 4-358）。

标本 02NH01T2020：833，釉色泛黄，釉面布满细密开片，开片处部分呈黑褐色。口沿处印卷草纹，内底心印有一朵折枝花卉纹。外腹部近底端有跳刀痕。口径 17.8、足径 4.9、高 3.7 厘米（彩版 4-359）。

标本 02NH01T2020：846，口沿处印卷草纹，内底心印一朵折枝花卉纹。口径 17.7、足径 4.8、高 3.5 厘米（彩版 4-360）。

标本 02NH01T2020：847，釉色浅淡。口沿处印卷草纹，内底心印一朵折枝花卉纹。口径 17.9、足径 4.9、高 3.8 厘米（彩版 4-361）。

标本 02NH01T2021：32，釉色浅淡，釉面开细长纹片，开片内呈黑褐色。口沿处印卷草纹，

彩版 4-358　青白瓷盘 02NH01T2020：120

彩版 4-359　青白瓷盘 02NH01T2020：833　　　　彩版 4-360　青白瓷盘 02NH01T2020：846

彩版 4-361　青白瓷盘 02NH01T2020：847

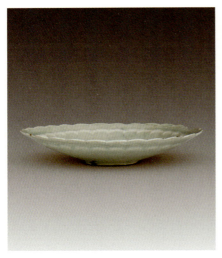

彩版 4-362　青白瓷盘 02NH01T2021：32

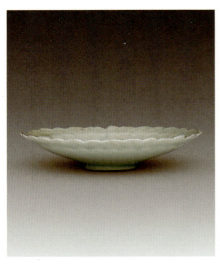

彩版 4-363　青白瓷盘 02NH01T2021：33

内底心印一朵折枝花卉纹。口径 18.2、足径 5.2、高 3.6 厘米（彩版 4-362）。

标本 02NH01T2021：33，内壁轮修痕迹明显。口沿处印卷草纹，内底心印一朵花卉纹。口径 18.0、足径 5.0、高 3.7 厘米（彩版 4-363）。

标本 02NH01T2020：1164，釉色泛灰白，釉面布满细密开片，开片处多呈黑褐色或黄褐色。口沿处印卷草纹，内底心印纹不清。受海水浸泡严重，外壁粘有海底淤积物。口径 17.9、足径 4.7、高 3.7 厘米（图 4-62，1；彩版 4-364）。

标本 02NH01T2020：1158，器形略小。口沿下菊瓣状花边明显，致上腹部稍鼓。釉色泛白，釉面有细密开片。口沿处纹样不显，内底心印一朵折枝梅纹。口径 14.7、足径 3.8、高 3.0 厘米（图 4-62，2；彩版 4-365）。

标本 02NH01T2020：1160，器形略小。釉色泛灰，釉面开细纹片。内壁印缠枝花卉纹，内底心印一朵折枝花卉纹。口径 14.0、足径 3.8、高 3.1 厘米（图 4-63，1；彩版 4-366）。

标本 02NH01T2020：1161，器形略小。内壁口沿下至腹部为菊瓣样式，由于压印花边致上腹稍鼓。釉面开细碎纹片。内底心印一朵折枝梅纹。内底心有落渣。口径 14.6、足径 4.0、高 3.0 厘米（图 4-63，2；彩版

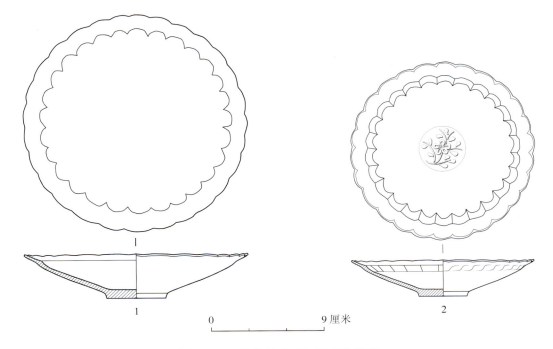

图 4-62　景德镇窑 Bb 型青白瓷盘

1. 02NH01T2020：1164　2. 02NH01T2020：1158

彩版 4-364　青白瓷盘 02NH01T2020：1164

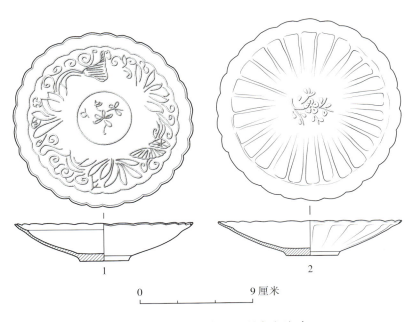

图 4-63　景德镇窑 Bb 型青白瓷盘

1. 02NH01T2020：1160　2. 02NH01T2020：1161

彩版 4-365　青白瓷盘 02NH01T2020：1158

彩版 4-366　青白瓷盘 02NH01T2020：1160

4-367）。

C 型　16 件。

芒口。宽折沿，方唇，浅弧腹，内底心较平，矮圈足，较小，足沿窄平，挖足较浅，外底平。内、外均施青白釉，色多泛白，釉面多开片。口沿内、外两侧刮釉，而成芒口。内壁印缠枝花卉纹，内底心凸弦纹内印一折枝莲荷纹，由一朵莲花、一片荷叶组成。纹样复杂，布局繁密，印纹清晰。制作工艺与 C 型盏相似。

标本 02NH01T2020：848，口径 17.4、足径 5.4、高 3.0 厘米（图 4-64，1；彩版 4-368）。

彩版 4-367　青白瓷盘 02NH01T2020：1161

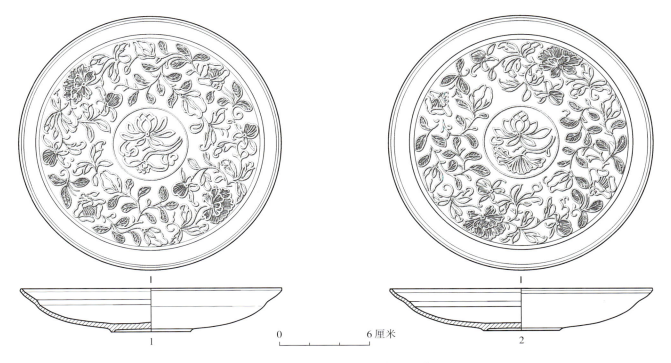

图 4-64　景德镇窑 C 型青白瓷盘
1. 02NH01T2020：848　2. 02NH01T2020：855

彩版 4-368　青白瓷盘 02NH01T2020：848　　　　彩版 4-369　青白瓷盘 02NH01T2020：862

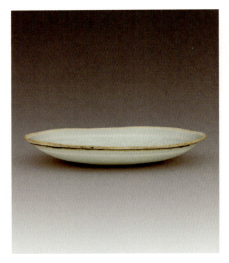

彩版 4-370　青白瓷盘 02NH01T2020：855

图 4-65　景德镇窑 A 型青白瓷盘

（02NH01T2020：862）

彩版 4-371　青白瓷盘 02NH01T2020：588

标本 02NH01T2020：862，口沿处有污迹。口径 17.5、足径 5.1、高 2.8 厘米（图 4-65；彩版 4-369）。

标本 02NH01T2020：855，釉色泛白。口径 17.4、足径 5.3、高 2.9 厘米（图 4-64，2；彩版 4-370）。

标本 02NH01T2020：588，釉面开细长纹片，呈黑褐色。口径 17.8、足径 5.3、高 2.9 厘米（彩版 4-371）。

标本 02NH01T2020：849，口径 18.1、足径 5.3、高 3.1 厘米（彩版 4-372）。

标本 02NH01T2020：850，圈足矮浅。口径 17.9、足径 5.0、高 2.6 厘米（彩版 4-373）。

标本 02NH01T2020：852，外壁口沿处有粘连。口径 18.0、足径 5.3、高 2.9 厘米（彩版 4-374）。

彩版 4-372　青白瓷盘 02NH01T2020：849

彩版 4-373　青白瓷盘 02NH01T2020：850

彩版 4-374　青白瓷盘 02NH01T2020：852

标本 02NH01T2020：851，釉面开细碎纹片。胎有裂。口径 17.8、足径 5.2、高 3.0 厘米（彩版 4-375）。

标本 02NH01T2020：853，口径 18.3、足径 5.5、高 2.8 厘米（彩版 4-376）。

标本 02NH01T2020：854，口径 18.1、足径 5.4、高 3.1 厘米（彩版 4-377）。

标本 02NH01T2020：856，外壁胎体粘有渣粒。口径 17.9、足径 5.4、高 2.7 厘米（彩版 4-378）。

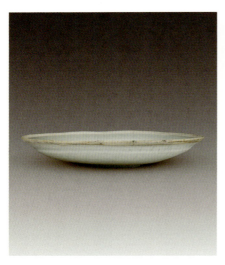

彩版 4-375　青白瓷盘 02NH01T2020：851

彩版 4-376　青白瓷盘 02NH01T2020：853

标本 02NH01T2020：859，外壁胎体粘有渣粒。口径 17.9、足径 5.3、高 3.1 厘米（彩版 4-379）。

标本 02NH01T2020：861，釉面开细密纹片，呈黑色。口沿处有污迹。口径 17.9、足径 5.2、高 2.9 厘米（彩版 4-380）。

标本 02NH01T2020：863，口径 18.1、足径 5.3、高 2.8 厘米（彩版 4-381）。

标本 02NH01T2020：864，内底心略突起。外壁口沿有粘连。口径 18.1、足径 5.7、高 2.7 厘米

彩版 4-377　青白瓷盘 02NH01T2020：854

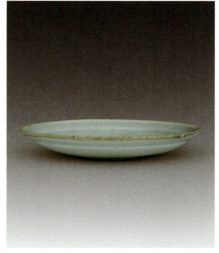

彩版 4-378　青白瓷盘 02NH01T2020：856　　　　　彩版 4-379　青白瓷盘 02NH01T2020：859

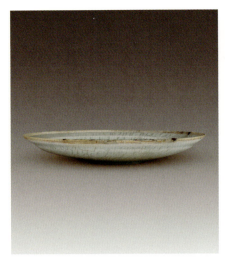

彩版 4-380　青白瓷盘 02NH01T2020：861

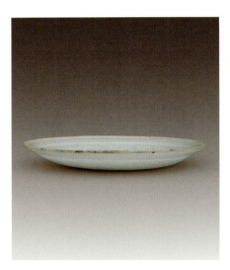

彩版 4-381　青白瓷盘 02NH01T2020：863

彩版 4-382　青白瓷盘
02NH01T2020：864

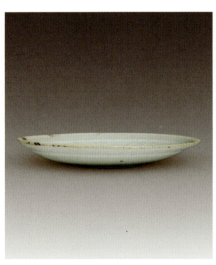

彩版 4-383　青白瓷盘 02NH01T2020：867

（彩版 4-382）。

　　标本 02NH01T2020：867，外壁釉面有黑褐色斑。口径 18.3、足径 5.3、高 2.7 厘米（彩版 4-383）。

4. 器盖

1 件。

标本 02NH01T2021：217，子口，宽平沿，弧顶，錾形纽。

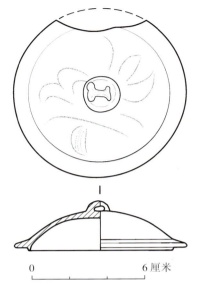

图 4-66　景德镇窑青白瓷器盖
（02NH01T2021：217）

彩版 4-384　青白瓷器盖 02NH01T2021：217

胎色白，质细腻。釉色泛灰黄，盖沿及口外侧无釉，余均施釉，釉面光亮，灰斑明显。盖面刻莲瓣纹，花瓣内细线划出脉纹。盖沿径 9.3、口径 7.7、高 2.8 厘米（图 4-66；彩版 4-384）。

三　德化窑青白瓷

德化窑青白瓷共 783 件（套）。这批调查出水的德化窑瓷器多数为青白釉，部分釉色较白，类于白釉，但因其制作工艺相同或相似，或因烧成环境差异而致呈色不同，且与元代和明清时期的白瓷特征差异较大，故将其一并归为青白瓷介绍。德化窑青白瓷器类丰富，主要有青白瓷大碗、盖碗、盏、盘、执壶、瓶、罐、盒、器盖等，其中大碗、瓶、罐、盒的数量较多。

1. 大碗

238 件。

器形较大。尖圆唇，斜弧腹，内底微下凹，圈足较高，挖削规整，足沿较宽，足墙内高外低，外底心微凸，有的挖足痕迹明显。胎色灰白，质细密。内外均施青白釉，多泛白，有的泛黄或泛灰，外施釉至腹下部，足沿及外底无釉，足外墙有手握蘸釉痕迹。釉层较薄，釉面光洁莹润，有的可见缩釉、积釉痕迹，多有落渣现象。外壁一般可见比较明显的轮旋修坯痕迹。内底心多见有五枚扁条形或三角形的支钉垫烧痕迹，分布较为均匀。内壁一般都有花纹装饰，有的篦划，有的刻花，有的刻花和篦划相结合，纹样丰富。有的碗外底有墨书题记。根据口沿形态差异，分三型。

A 型　212 件。

侈口。根据装饰技法和纹样内容的差异，分十亚型。

Aa 型 **70 件。**

篦划"之"字纹。内壁口沿下方和近内底处各刻有一道凹弦纹，弦纹间纵向篦划连续"之"字纹装饰，篦划纹较浅，分布不规律，有的内底凹弦纹内亦篦划有"之"字纹。

标本 02NH01T2020∶937，釉色泛黄，釉面有开片，内壁落有灰褐色渣粒。内壁腹部篦划纹分布较密，内底篦划两组"之"字纹。外底有四字墨书"李大用□"，墨迹清晰。口径 26.1、足径 8.6、高 7.8 厘米（图 4-67，1；彩版 4-385）。

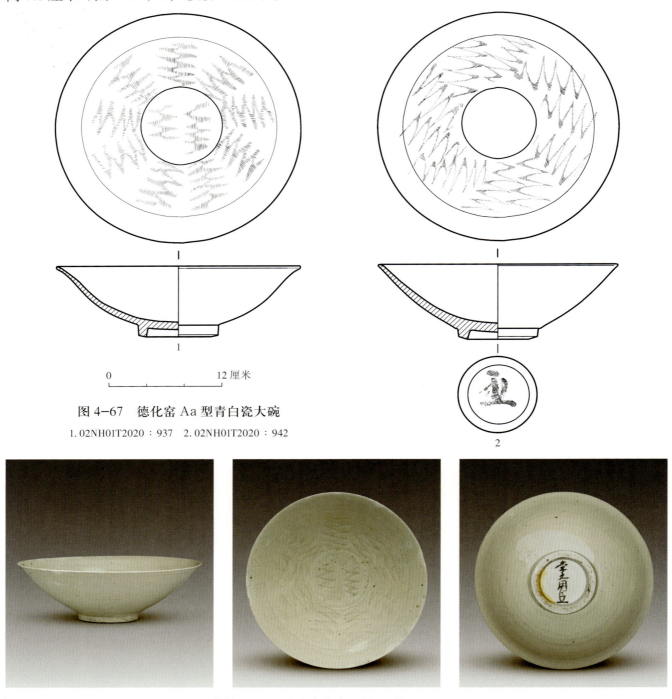

0　　　　　　　　12 厘米

图 4-67　德化窑 Aa 型青白瓷大碗

1. 02NH01T2020∶937　2. 02NH01T2020∶942

彩版 4-385　青白瓷大碗 02NH01T2020∶937

标本 02NH01T2020：942，釉色泛黄，釉面局部开片，内壁有落渣。内壁腹部篦划纹分布较密。下腹有轮制修整时的跳刀痕迹。外底有单字墨书"□"，墨迹清晰。口径 25.6、足径 8.4、高 8.3 厘米（图 4-67，2；彩版 4-386）。

标本 02NH01T2019：98，釉色泛黄，釉面布满细碎开片，大部分沁成灰色。内底有五枚扁条形支钉痕迹。外底有单字墨书"□"，墨迹清晰。口径 28.8、足径 8.9、高 8.1 厘米（彩版 4-387）。

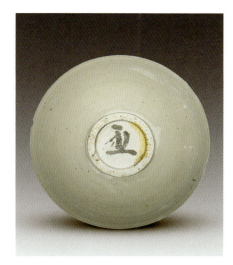

彩版 4-386　青白瓷大碗 02NH01T2020：942

彩版 4-387　青白瓷大碗 02NH01T2019：98

标本 02NH01T2019：106，釉色泛白，釉面局部开片。内底有五枚三角形支钉痕迹。口径 28.9、足径 9.3、高 7.3 厘米（彩版 4-388）。

标本 02NH01T2019：109，釉色局部泛灰，釉面开细碎纹片。内底心的篦划"之"字纹与腹部相连。腹部有修整时的跳刀痕。内底有五枚三角形支钉痕迹。外底有单字墨书"□"，墨迹清晰。口径 28.6、足径 8.9、高 8.4 厘米（彩版 4-389）。

标本 02NH01T2019：823，釉面局部开片。内底心有三组直划的篦划纹。内底有五枚三角形支钉痕迹。外底有三字墨书"大用□"，墨迹褪色。口径 26.5、足径 8.2、高 7.7 厘米（彩版 4-390）。

标本 02NH01T2019：1160，外底泛火石红色。釉面光润，开细碎开片。内底有五枚三角形支钉痕迹。口径 28.1、足径 9.3、高 7.1 厘米（彩版 4-391）。

标本 02NH01T2020：422，足沿较宽。口沿局部有开片。内底有五枚三角形支钉痕迹。口径 27.6、高 7.8 厘米（彩版 4-392）。

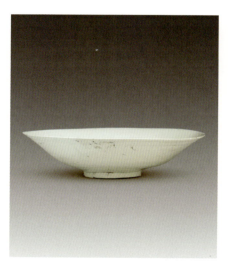

彩版 4-388　青白瓷大碗 02NH01T2019：106

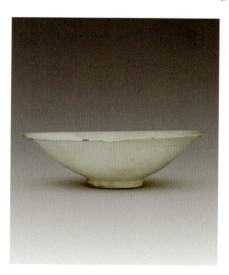

彩版 4-389　青白瓷大碗 02NH01T2019：109

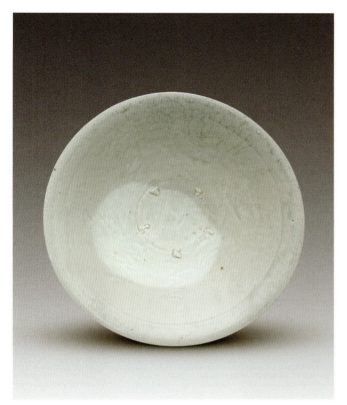

彩版 4-390 青白瓷大碗 02NH01T2019：823

彩版 4-391 青白瓷大碗 02NH01T2019：1160

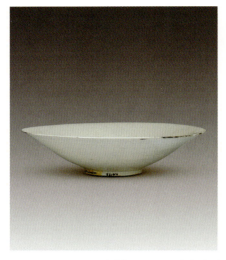

彩版 4-392　青白瓷大碗 02NH01T2020：422

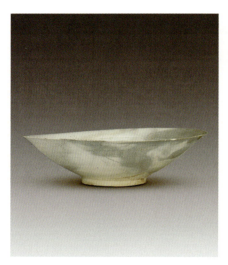

彩版 4-393　青白瓷大碗 02NH01T2020：423

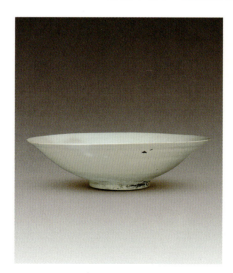

彩版 4-394　青白瓷大碗 02NH01T2020：799

标本 02NH01T2020：423，口部变形。釉色泛黄，釉面大部分沁成灰色，开细密纹片。内底有五枚三角形支钉痕迹。口径 29.0、足径 10.2、高 8.0 厘米（彩版 4-393）。

标本 02NH01T2020：799，釉色部分泛灰。内底有五枚扁条形支钉痕迹。口径 28.1、足径 9.5、高 7.8 厘米（彩版 4-394）。

标本 02NH01T2020：812，釉色不匀，部分泛灰。外底呈火石红色。内底有五枚三角形支钉痕迹。口径 27.7、足径 9.5、高 7.4 厘米（彩版 4-395）。

标本 02NH01T2020：827，釉色泛黄，釉面布满细碎开片，部分沁成灰色。内底有五枚扁条形支钉痕迹。外底有三字墨书"大用□"，墨迹褪色。口径 26.3、足径 9.2、高 7.3 厘米（彩版 4-396）。

标本 02NH01T2020：929，釉色泛白，部分受沁泛灰，局部有开片。上腹有较大的修坯跳刀痕。内底有五枚三角形支钉痕迹。外底有三字墨书"大用□"，墨迹清晰。口径 28.0、足径 9.2、高 7.8 厘米（彩版 4-397）。

标本 02NH01T2020：930，釉色不匀，泛灰、泛黄，釉面布满细碎开片。内底有五枚扁条形支钉痕迹。外底有四字墨书"李大用□"，墨迹清晰。口径 26.0、足径 8.8、高 7.7 厘

彩版 4-395　青白瓷大碗 02NH01T2020：812

彩版 4-396　青白瓷大碗 02NH01T2020：827

彩版 4-397　青白瓷大碗 02NH01T2020：929

米（彩版 4-398）。

标本 02NH01T2020：933，内底心划直篦划纹。内底有五枚三角形支钉痕迹，下腹有轮制修坯的跳刀痕。外底有四字墨书"李大用□"，墨迹清晰。口径 26.3、足径 8.9、高 7.5 厘米（彩版 4-399）。

标本 02NH01T2020：936，釉面局部有开片。内底心饰直篦划纹。内底有五枚扁条形支钉痕迹，下腹有轮制修坯的跳刀痕。外底有四字墨书"李大用□"，墨迹清晰。口径 26.5、足径 8.8、高 8.0 厘米（彩版 4-400）。

标本 02NH01T2020：943，腹较深。釉色泛灰，釉面布满细碎开片。内壁篦划纹分布较密集，内底篦划两组"之"字纹。内底有五枚长条形支钉痕迹，下腹有轮制修坯的跳刀痕。外底有单字墨书"□"，墨迹清晰。口径 26.3、足径 9.0、高 8.4 厘米（彩版 4-401）。

标本 02NH01T2020：956，腹较浅。釉面局部开片。篦划纹细、浅。内底有四个三角形支钉痕迹。口径 26.4、足径 9.0、高 7.3 厘米（彩版 4-402）。

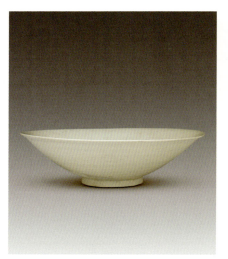

彩版 4-398　青白瓷大碗 02NH01T2020：930

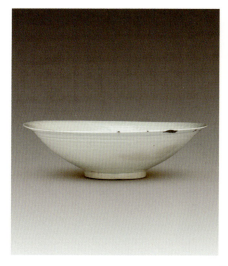

彩版 4-399　青白瓷大碗 02NH01T2020：933

彩版 4-400 青白瓷大碗 02NH01T2020：936

彩版 4-401 青白瓷大碗 02NH01T2020：943

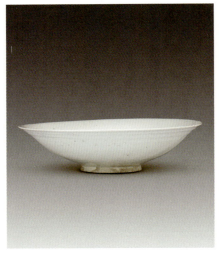

彩版 4-402　青白瓷大碗 02NH01T2020：956

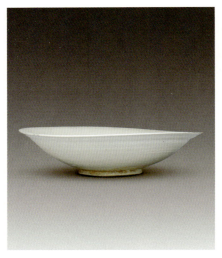

彩版 4-403　青白瓷大碗 02NH01T2020：1085

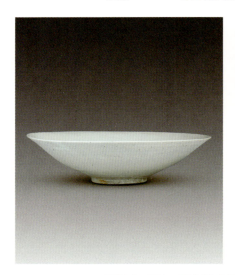

彩版 4-404　青白瓷大碗 02NH01T2020：1086

标本 02NH01T2020：1085，口部变形。釉色偏灰白，釉面有小棕眼。内底有五枚三角形支钉痕迹。口径 28.1、足径 9.5、高 6.5 厘米（彩版 4-403）。

标本 02NH01T2020：1086，釉色泛白，内壁有落渣。内底有篦划一道"之"字纹。内底有五枚三角形支钉痕迹。外壁腹部有轮制修坯的跳刀痕。口径 26.8、足径 8.2、高 6.9 厘米（彩版 4-404）。

标本 02NH01T2020：1095，釉面光亮莹润。内底有五枚三角形支钉痕迹。下腹有修坯跳刀痕。口径 28.2、足径 8.2、高 7.6 厘米（彩版 4-405）。

标本 02NH01T2020：1107，口部变形。釉色偏灰白。内底有五枚三角形支钉痕迹。外底有单字墨书"□"。口径 26.8、足径 8.2、高 6.8 厘米（彩版 4-406）。

标本 02NH01T2020：1111，釉色不匀，部分泛灰，口沿局部开片。内底有五枚扁条形支钉痕迹。外底有单字墨书"□"，墨迹清晰。口径 25.9、足径 8.5、高 6.9 厘米（彩版 4-407）。

标本 02NH01T2020：1117，釉色不匀，局部泛灰，有灰斑和小棕眼。内底心饰直篦划纹。内底有四枚三角形支钉痕迹。外底有四字墨书"李大用□"，墨迹清晰。口径 26.0、足径 8.1、高 7.2 厘米（彩版 4-408）。

标本 02NH01T2020：1118，

彩版 4-405　青白瓷大碗 02NH0IT2020：1095

彩版 4-406　青白瓷大碗 02NH0IT2020：1107

彩版 4-407　青白瓷大碗 02NH0IT2020：1111

釉色不匀，部分泛灰，釉面局部开片。内底心饰直篦划纹。内底有五枚三角形支钉痕迹。外底有四字墨书"李大用□"，字迹清晰。口径 25.3、足径 8.3、高 7.4 厘米（彩版 4-409）。

标本 02NH01T2020∶1120，釉色不匀，局部泛灰，釉面有开片，内壁有落渣。内底心饰两组"之"字纹。内底有五枚扁条形支钉痕迹。下腹有轮制修坯的跳刀痕。外底有单字墨书"□"，墨迹清晰。口径 27.2、足径 8.9、高 8.0 厘米（彩版 4-410）。

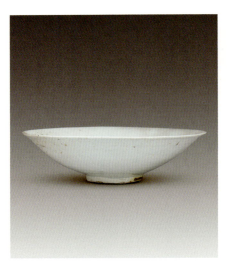

彩版 4-408　青白瓷大碗 02NH01T2020∶1117

彩版 4-409　青白瓷大碗 02NH01T2020∶1118

标本 02NH01T2020：1649，釉色偏黄，口沿部分有开片，内壁有落渣。内壁腹壁篦划八组纵向"之"字纹，分布较均匀。内底有五枚三角形支钉痕迹。口径 27.2、足径 8.5、高 7.7 厘米（彩版 4-411）。

标本 02NH01T2021：56，釉色不匀，局部泛灰，内壁有落渣。内底有五枚三角形支钉痕迹。腹部有轮制修坯的跳刀痕迹。外底有三字墨书"大用□"，墨迹略褪色。口径 27.0、足径 8.5、高 6.7 厘米（彩版 4-412）。

标本 02NH01T2021：59，釉色泛白，内壁有落渣。外底有双字墨书"李□"，墨迹清晰。口径 26.0、足径 8.6、高 7.1 厘米（彩版 4-413）。

标本 02NH01T2021：62，釉面光润，有泛灰色斑块。外底呈火石红色。内底心饰直篦划纹。内底有五枚扁条形支钉痕迹。口径 27.3、足径 9.4、高 7.4 厘米（彩版 4-414）。

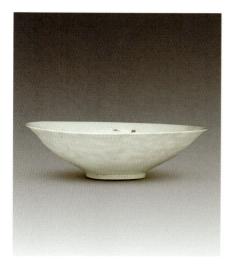

彩版 4-410　青白瓷大碗 02NH01T2020：1120

彩版 4-411　青白瓷大碗 02NH01T2020：1649

彩版 4-412　　青白瓷大碗 02NH01T2021：56

彩版 4-413　　青白瓷大碗 02NH01T2021：59

彩版 4-414　　青白瓷大碗 02NH01T2021：62

Ab 型 57 件。

篦划卷云纹。大多数内壁口沿下和近内底处各刻有一道凹弦纹，内腹壁篦划三组卷云纹，侧向划成，具深浅效果，线条草率，划纹流畅。

标本 02NH01T2020：292，口部变形。釉色泛白。内壁篦划三组卷云纹，内底边缘凹弦纹不明显。内底有五枚细长条状支钉痕迹。外壁腹部有修坯划痕，外底火石红痕迹明显。口径 29.3、足径 9.4、高 8.1 厘米（彩版 4-415）。

标本 02NH01T2020：788，釉色泛灰，釉面局部开片，足沿有流釉。内底有五枚三角形支钉痕迹，下腹部有轮制修坯的跳刀痕。口径 27.4、足径 8.6、高 7.5 厘米（图 4-68，1；彩版 4-416）。

彩版 4-415　青白瓷大碗 02NH01T2020：292

彩版 4-416　青白瓷大碗 02NH01T2020：788

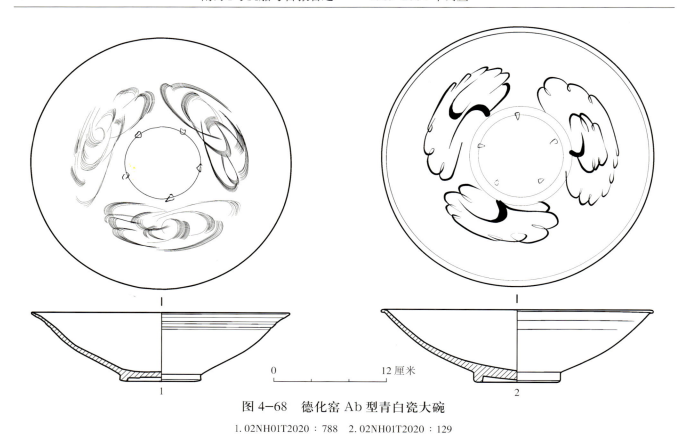

图 4-68　德化窑 Ab 型青白瓷大碗

1. 02NH01T2020：788　　2. 02NH01T2020：129

　　标本 02NH01T2019：1，内壁有较多落渣。划纹较浅。口径 27.5、足径 8.6、高 8.9 厘米（彩版 4-417）。

　　标本 02NH01T2020：129，器物变形。釉色泛灰白，釉面部分开细碎纹片。内壁篦划三组卷云纹，纹样清晰。内底有五枚三角形支钉痕迹。口径 29.0、足径 9.2、高 8.0 厘米（图 4-68，2；彩版 4-418）。

彩版 4-417　青白瓷大碗 02NH01T2019：1

标本02NH01T2020：294，口部变形。外壁施釉至圈足，釉面局部开片。内底边缘有一道凹弦纹，腹部篦划三组卷云纹。内底有五枚三角形支钉痕迹。外底呈火石红色。口径28.9、足径9.1、高7.3厘米（彩版4-419）。

标本02NH01T2020：295，釉面光润，局部开片。内底有五枚三角形支钉痕迹。口径29.7、足径9.1、高6.7厘米（彩版4-420）。

标本02NH01T2020：419，釉色不匀，部分泛灰，局部开片，内壁有落渣。内底有五枚三角形支钉痕迹，腹部有轮制修坯的跳刀痕。外底呈火石红色。口径28.2、足径8.4、高6.5厘米（彩版4-421）。

标本02NH01T2020：516，外施釉至足部，釉面部分有开片。内底心一侧有"士"字刻划纹样。内底有五枚三角形支

彩版4-418　青白瓷大碗 02NH01T2020：129

彩版4-419　青白瓷大碗 02NH01T2020：294

彩版4-420　青白瓷大碗 02NH01T2020：295

彩版 4-421　青白瓷大碗 02NH01T2020：419

彩版 4-422　青白瓷大碗 02NH01T2020：516

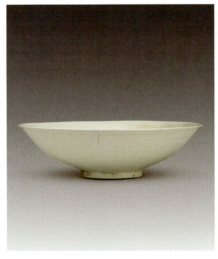

彩版 4-423　青白瓷大碗 02NH01T2020：796

钉痕迹，腹部有轮制修整时的跳刀痕迹。口径 29.1、足径 9.2、高 7.4 厘米（彩版 4-422）。

标本 02NH01T2020：796，足沿较宽。釉色偏黄，釉面局部开有纹片，开片处受沁泛灰色。内底有五枚三角形支钉痕迹。口径 27.2、足径 9.2、高 7.9 厘米（彩版 4-423）。

标本 02NH01T2020：806，釉色偏黄。内底、足沿均可见五枚三角形支钉痕迹。口径 27.6、足径 8.6、高 7.7 厘米（彩版 4-424）。

标本 02NH01T2020：808，釉色泛黄，釉面开片，内壁有落渣。内底有五枚三角形支钉痕迹。口径 27.6、足径 9.0、高 7.9 厘米（彩版 4-425）。

标本 02NH01T2020：817，口部变形。釉色不匀，部分泛灰，内壁有落渣。内底有五枚三角形支钉痕迹。口径 28.8、足径 8.8、高 7.6 厘米（彩版

彩版 4-424　青白瓷大碗 02NH01T2020：806

彩版 4-425　青白瓷大碗 02NH01T2020：808

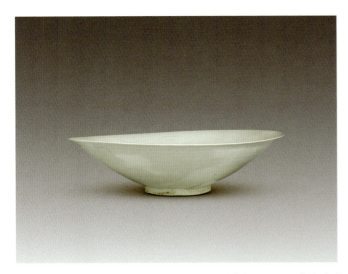 

彩版 4-426　青白瓷大碗 02NH01T2020：817

4-426）。

标本 02NH01T2020：823，釉色偏黄，釉面光润。内底有五枚圆形支钉痕迹。口径 28.3、足径 8.6、高 8.4 厘米（彩版 4-427）。

标本 02NH01T2020：825，釉色偏黄，釉面光润。内壁有落渣。口径 27.7、足径 8.3、高 8.5 厘米（彩版 4-428）。

标本 02NH01T2020：927，釉色泛灰，釉面局部开片。内底有五枚三角形支钉痕迹，腹部有轮制修坯的跳刀痕迹。外底有三字墨书"大用口"，墨迹清晰。口径 28.3、足径 9.1、高 7.6 厘米（彩版 4-429）。

标本 02NH01T2020：935，釉色泛灰，釉面局部开片。内底有五枚三角形支钉痕迹，腹部有轮制修坯的跳刀痕。外底有三字墨书"大用口"，墨迹清晰。口径 28.5、足径 8.8、高 8.2 厘米（彩版 4-430）。

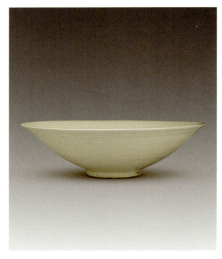

彩版 4-427　青白瓷大碗 02NH01T2020：823

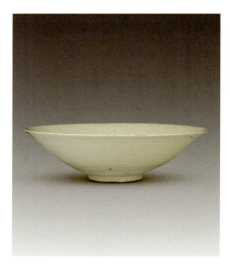

彩版 4-428　青白瓷大碗 02NH01T2020：825

彩版 4-429　青白瓷大碗 02NH01T2020：927

标本 02NH01T2020：957，口部变形。釉色偏黄，釉面有污迹，开有大量纹片。内底有五枚三角形支钉痕迹。口径 27.7、足径 8.4、高 7.9 厘米（彩版 4-431）。

标本 02NH01T2020：1088，釉色泛白，局部开片。腹壁篦划相对的两组卷云纹。内底有五枚三角形支钉痕迹。口径 27.4、足径 9.1、高 7.5 厘米（彩版 4-432）。

标本 02NH01T2020：1099，釉色泛黄、泛灰，开细碎纹片，开片处受沁蚀呈灰黑色。内底有五枚三角形支钉痕迹。口径 28.7、足径 9.6、高 8.1 厘米（彩版 4-433）。

彩版 4-430　青白瓷大碗 02NH01T2020：935

彩版 4-431　青白瓷大碗 02NH01T2020：957

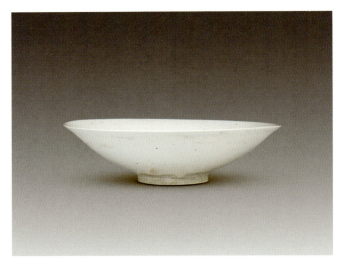

彩版 4-432　青白瓷大碗 02NH01T2020：1088

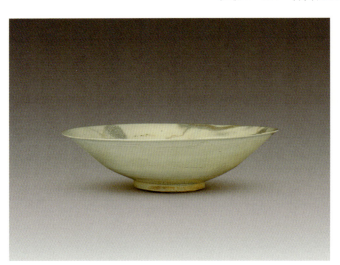

彩版 4-433　青白瓷大碗 02NH01T2020：1099

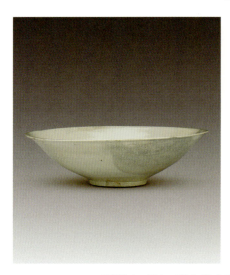

彩版 4-434　青白瓷大碗 02NH01T2020：1102

标本 02NH01T2020：1102，釉色泛灰，釉面开细碎纹片，部分泛灰黑色。内壁口沿下、底边缘无凹弦纹。内底有五枚细三角形支钉痕迹。口径 28.1、足径 8.9、高 8.4 厘米（彩版 4-434）。

标本 02NH01T2020：1250，釉色泛灰，釉面光润，局部开片，内壁有落渣。卷云纹较为简单。口径 27.0、足径 8.8、高 7.9 厘米（彩版 4-435）。

彩版 4-435　青白瓷大碗 02NH01T2020：1250

彩版 4-436　青白瓷大碗 02NH01T2020：1252

标本 02NH01T2020：1252，釉面光洁莹润，局部开有纹片。内底有五枚长条形支钉痕迹。足沿及外底呈火石红色。口径 27.6、足径 8.8、高 7.0 厘米（彩版 4-436）。

Ac 型　31 件。

篦划 "∞" 形纹。内壁口沿下和底边缘各刻有一道凹弦纹，内底凹纹一般较宽，内腹壁一般篦划三组或四组 "∞" 形纹，划纹较浅，简单草率。此一纹样类似于简化的卷云纹或卷草纹。

标本 02NH01T2020：664，口部变形，足沿较宽。釉色泛白，釉面局部开片，内壁落有细渣粒。内壁篦划四组 "∞" 形纹。口径 29.6、足径 9.2、高 7.2 厘米（图 4-69；彩版 4-437）。

标本 02NH01T2019：105，足沿较宽。釉面开细碎纹片，内壁有落渣。内壁篦划三组 "∞" 形纹，划纹浅。内底有五枚三角形支钉痕迹。足沿及外底呈火石红色。口径 27.9、足径 8.9、高 7.8 厘米（彩版 4-438）。

标本 02NH01T2020：666，釉色偏灰白，釉面大部分开有纹片，内壁有落渣。内壁篦划四组 "∞"

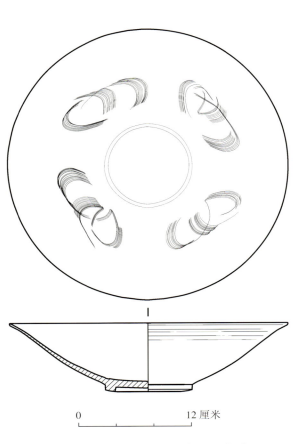

0　　　　　　12 厘米

图 4-69　德化窑 Ac 型青白瓷大碗

（02NH01T2020：664）

彩版 4-437　青白瓷大碗 02NH01T2020：664

彩版 4-438　青白瓷大碗 02NH01T2019：105

形纹。外腹部有轮制修坯的跳刀痕迹，外底挖足痕明显。口径28.0、足径8.8、高7.0厘米（彩版4-439）。

标本02NH01T2020：794，釉色浅淡，釉面局部开有纹片。内壁篦划三组"∞"形纹。内底心有五枚细支钉痕迹。口径27.3、足径7.8、高7.4厘米（彩版4-440）。

标本02NH01T2020：797，釉色泛灰白，内壁有落渣。内壁篦划三组"∞"形纹。口径26.6、足径8.4、高7.5厘米（彩版4-441）。

标本02NH01T2020：798，釉色偏黄，口沿处局部开有纹片，内壁有落渣。内壁篦划三组"∞"形纹，从布局看似少划一组，分布不均匀。内底有五枚三角形支钉痕迹。口径28.1、足径8.5、高7.9厘米（彩版4-442）。

标本02NH01T2020：816，釉色泛黄，釉面局部开片。内壁篦划四组"∞"形纹，内底饰篦划纹。内底有五枚三角形支钉痕迹。口径27.7、足径8.6、高7.3厘米（彩版4-443，1）。

标本02NH01T2020：939，釉色不匀，泛黄、泛灰，釉面开细碎纹片，开片处受沁蚀呈灰色。内壁篦划三组"∞"形纹。内底有五枚支钉痕迹。外底有四字墨书"李大用□"，墨迹清晰。口沿处残留有海底凝结物。口径28.6、足径8.8、高8.8

彩版4-439　青白瓷大碗 02NH01T2020：666

彩版4-440　青白瓷大碗 02NH01T2020：794

彩版4-441　青白瓷大碗 02NH01T2020：797

彩版 4-442　青白瓷大碗 02NH01T2020：798

1. 02NH01T2020：816

2. 02NH01T2020：939

彩版 4-443　青白瓷大碗 02NH01T2020：816、939

厘米（彩版 4-443，2）。

标本 02NH01T2020：1090，釉色泛白。内壁篦划三组"∞"形纹。内底心有五枚细长支钉痕迹。口径 26.3、足径 8.2、高 7.7 厘米（彩版 4-444）。

标本 02NH01T2020：1109，釉色泛灰，口沿处局部开片，内壁有落渣。内壁篦划三组"∞"形纹。内底心有五枚三角形支钉痕迹。外底有单字墨书"□"，墨迹清晰。口径 28.6、足径 8.6、高 7.3 厘米（彩版 4-445）。

彩版 4-444　青白瓷大碗 02NH01T2020：1090

彩版 4-445　青白瓷大碗 02NH01T2020：1109

标本02NH01T2020：1108，釉色泛白，内壁釉面不平，有流动感，局部开片。内壁篦划三组"∞"形纹。内底有五枚三角形支钉痕迹。外底有单字墨书"□"字，墨迹清晰。口径28.1、足径8.9、高6.9厘米（彩版4-446）。

彩版4-446　青白瓷大碗 02NH01T2020：1108

Ad型　6件。

篦划卷草纹。内壁口沿下和内底边缘各刻一道凹弦纹，腹壁篦划卷草纹，划纹较浅，简单草率。

标本02NH01T2020：801，釉色泛白，釉面光润，内壁有落渣。内壁篦划两组卷草纹，线条简洁。内底有五枚支钉痕迹，腹部有轮制修坯的跳刀痕迹。口径27.6、足径8.7、高7.7厘米（彩版4-447）。

标本02NH01T2020：1089，釉色不匀，局部偏灰。内壁篦划出三组卷草纹。内壁有落渣，外壁粘有小块海底淤积物。口径27.5、足径9.0、高8.1厘米（彩版4-448）。

彩版4-447　青白瓷大碗 02NH01T2020：801

彩版 4-448　青白瓷大碗 02NH01T2020：1089

Ae 型　10 件。

篦划花瓣状纹。内壁口沿下方和内底边缘各刻有一道凹弦纹，内底凹纹多较深，腹壁篦划花瓣状纹，每片花瓣左右相对各篦划两次而成，一般为三瓣或四瓣花，划纹较浅，简单潦草。

标本 02NH01T2019：107，釉色偏白，局部偏灰，釉面局部开有纹片，内壁有落渣。内壁四组篦划纹，内底也有篦划装饰。内底有六枚扁条形支钉痕迹，足沿可见垫烧痕。口径 26.8、足径 8.1、高 7.7 厘米（彩版 4-449）。

标本 02NH01T2020：427，釉色不匀，偏黄，局部泛灰，釉面开片，开片处受沁泛灰黑色。内壁四组篦划纹。内底落有渣粒。外壁腹部有轮制修坯的跳刀痕迹。口径 28.0、足径 8.6、高 9.0 厘米（彩版 4-450）。

彩版 4-449　青白瓷大碗 02NH01T2019：107

彩版 4-450　青白瓷大碗 02NH01T2020：427

彩版 4-451　青白瓷大碗 02NH01T2020：791

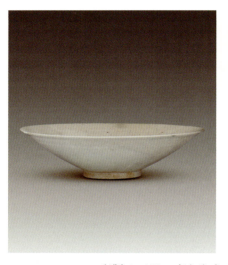

彩版 4-452　青白瓷大碗 02NH01T2020：932

彩版 4-453　青白瓷大碗 02NH01T2020：1119

标本 02NH01T2020：791，挖足极浅，修足不规整。釉色泛灰白，釉面开细密纹片，开片处受沁泛灰黑色。内壁篦划三组花瓣状纹，与"∞"形纹颇为相似。内底有五枚细条形支钉痕迹，外壁腹部有轮制修整时的跳刀痕迹。足沿有垫烧痕迹。器身受海水淤泥浸泡严重。口径 25.9、足径 8.5、高 7.8 厘米（彩版 4-451）。

标本 02NH01T2020：932，釉色泛灰，釉面有小缩釉斑。内壁篦划三组花瓣状纹。内底有五枚长条形支钉垫烧痕迹，腹部有轮制修整时的跳刀痕迹。外底有四字墨书"李大用□"，墨迹清晰。口径 26.8、足径 8.7、高 7.3 厘米（彩版 4-452）。

标本 02NH01T2020：1119，釉色泛灰白，釉面局部开有纹片，内壁有落渣。内壁篦划三组花瓣状纹。内底有五枚长条形支钉痕迹。外底有四字墨书"李大用□"，墨迹清晰。口径 25.6、足径 8.3、高 7.1 厘米（彩版 4-453）。

标本 02NH01T2020：1247，釉色偏黄，釉面开细密纹片，开片处受沁泛灰黑色。内壁篦划三组花瓣状纹。内底有五枚长条形支钉痕迹，腹部有轮制修坯而成的宽跳刀痕迹。口径 26.1、足径 8.4、高 7.5 厘米（彩版 4-454）。

Af 型　6 件。

篦划水波纹。内壁口沿下和内底边缘处各刻有一道凹弦纹，腹壁篦划水波纹，划纹较浅，简单潦草，分布不规律。

标本 02NH01T2020：807，足墙稍窄。釉色偏黄，釉面局部开片。花纹篦划随意。内底有五枚支钉痕迹。口径 28.4、足径 8.7、高 7.5 厘米（彩版 4-455）。

标本 02NH01T2020：420，足墙稍窄。釉色泛白，釉面光润。外底有单字墨书"□"，墨迹略褪色。口径 28.1、足径 8.7、高 7.6 厘米（彩版 4-456）。

标本 02NH01T2020：928，釉色泛黄、泛灰，釉面开片，开片处因浸蚀而呈灰黑色。内底心有五枚细支钉痕。外壁腹部有轮制修坯的跳刀痕迹。口部残留小块海底淤积物。外底有三字墨书"大用□"，墨迹清晰。口径 28.5、足径 9.5、高 7.8 厘米（彩版 4-457）。

彩版 4-454　青白瓷大碗 02NH01T2020：1247

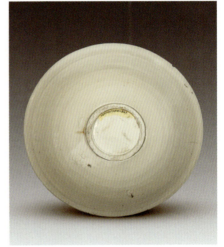

彩版 4-455　青白瓷大碗 02NH01T2020：807

彩版 4-456　青白瓷大碗 02NH01T2020：420

彩版4-457　青白瓷大碗02NH01T2020：928

彩版4-458　青白瓷大碗02NH01T2019：7

彩版4-459　青白瓷大碗02NH01T2019：8

Ag型　26件。

刻划蕉叶纹。内壁口沿下和内底边缘处各刻有一道凹弦纹，内底凹纹较宽，腹壁刻划出五组蕉叶纹，以单线刻出蕉叶纹两侧外轮廓，刻线较宽，蕉叶内部以篦划纹装饰，大多内底心也篦划花纹。

标本02NH01T2019：7，釉色浅淡，釉面光润。内底心有五枚三角形支钉痕迹，残留少量海底淤积物。外底有单字墨书"□"。口径27.1、足径8.0、高7.5厘米（彩版4-458）。

标本02NH01T2019：8，釉色泛灰，釉面部分有开片。内底心有五枚长条形支钉痕迹。外底有单字墨书"□"。口径26.9、足径8.3、高8.6厘米（彩版4-459）。

标本02NH01T2019：9，足内墙较斜。釉色不匀，局部泛灰。内底心有篦划纹饰。内底有五枚支钉痕迹，足沿垫烧痕迹明显。外底有单字墨书"□"，墨迹清晰。口径28.3、足径8.5、高7.6厘米（彩版4-460）。

标本02NH01T2019：103，釉色泛白，釉面光润。内底心有五枚支钉痕迹。外底有单字墨书"□"。口径27.8、足径8.1、高8.1厘米（彩版4-461）。

标本02NH01T2019：383，釉色泛灰，内壁有落渣。内底有五枚支钉痕迹。外底有单字墨书"□"。口径27.1、足径8.1、高8.1厘米（彩版4-462）。

彩版 4-460　青白瓷大碗 02NH01T2019：9

彩版 4-461　青白瓷大碗 02NH01T2019：103

　　标本 02NH01T2019：2014（8），足内墙较斜。釉色浅淡，泛淡青色，釉面光润。内底心有五枚支钉痕迹，还残存叠烧时上一件器物的圈足残块。外底有单字墨书"□"。口径 28.3、足径 8.0、高 8.3 厘米（彩版 4-463）。

　　标本 02NH01T2020：948，釉色泛黄。内底心刻划花草纹。内壁有落渣，内底心有五枚支钉痕迹。外壁下腹有轮制修整时的细跳刀痕。外底有单字墨书"□"，墨迹清晰。口径 28.0、足径 9.1、高 8.8 厘米（图 4-70；彩版 4-464）。

彩版 4-462　　青白瓷大碗 02NH01T2019：383

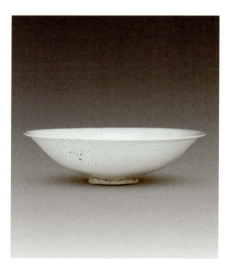

彩版 4-463　　青白瓷大碗 02NH01T2019：2014 (8)

彩版 4-464　　青白瓷大碗 02NH01T2020：948

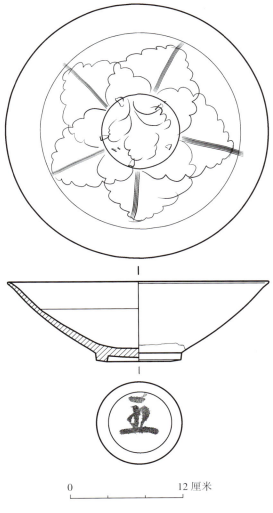

图 4-70 德化窑 Ag 型青白瓷大碗
(02NH01T2020：948)

标本 02NH01T2020：938，釉色泛灰，内壁有落渣。内底心无纹饰。外底有单字墨书"口"，墨迹清晰。口径 26.8、足径 8.7、高 7.8 厘米（彩版 4-465）。

标本 02NH01T2020：946，釉色泛灰，斑驳，釉面开有细碎纹片，沁斑明显，泛黄、灰黑，泛涩。内底心无纹饰。内底心有五枚长条形支钉痕迹，下腹有轮制修整时跳刀痕迹。外底有单字墨书"口"。外壁附着凝结物。口径 28.5、足径 9.6、高 9.4 厘米（彩版 4-466）。

标本 02NH01T2020：949，釉色偏灰白，内壁有落渣。内底心有五枚长条形支钉痕迹，外壁下腹部有轮制修整时的跳刀痕迹。外底有单字墨书"口"，墨迹清晰。口径 25.2、足径 8.4、高 8.1 厘米（彩版 4-467）。

标本 02NH01T2020：951，釉色泛灰白，口沿处有开片。内底心有五枚支钉痕迹，外壁腹部有轮制修整时的窄跳刀痕迹。外底有单字墨书"口"。口径 27.4、足径 9.3、高 8.2 厘米（彩版 4-468）。

标本 02NH01T2020：1116，釉色浅淡，釉面光润。内底心无纹饰。内底心有五枚支钉痕迹。外壁下腹部有轮制修整时的窄跳刀痕迹。外底有单字墨书"口"，墨迹清晰。口径 26.5、足径 9.0、高 7.7 厘米（彩版 4-469）。

标本 02NH01T2020：940，釉色泛灰，色泽斑驳，多灰白色斑块，内壁落有渣粒。外底有单字墨书"口"。口径 25.9、足径 8.7、高 8.0 厘米。

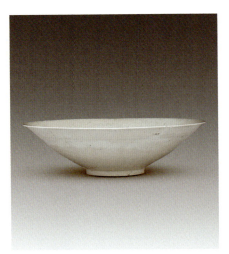

彩版 4-465 青白瓷大碗 02NH01T2020：938

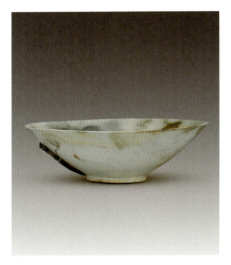

彩版 4-466　青白瓷大碗 02NH01T2020：946

彩版 4-467　青白瓷大碗 02NH01T2020：949

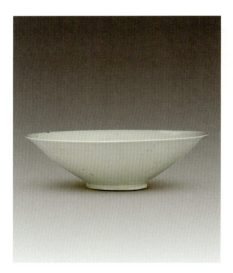

彩版 4-468　青白瓷大碗 02NH01T2020：951

彩版 4-469　　青白瓷大碗 02NH01T2020：1116

Ah 型　1 件。

刻划花叶纹。内壁口沿下浅有一道凹弦纹，腹壁刻三组花叶纹，每组两片，轮廓清晰，花叶纹及纹样之间饰以篦划纹，刻纹流畅，划纹细腻。

标本 02NH01：2014（25），足沿较宽，外侧斜削，挖足较浅。釉色灰白，釉面光润，有小灰褐斑。内底有五枚三角形支钉垫烧痕迹。口径 25.7、足径 9.0、高 7.4 厘米（彩版 4-470）。

Ai 型　4 件。

刻卷草纹。内壁口沿下浅刻有一道凹弦纹，腹壁刻三组或四组卷草纹，刻纹清晰，线条流畅，刀法娴熟。内底心多刻有凹弦纹一道，凹圈小。

标本 02NH01T2020：1122，釉色偏黄，釉面局部开有纹片，内壁有落渣。内底有五枚扁圆形支钉痕迹。外底有三字墨书"黄念□"，墨迹清晰。口径 28.1、足径 8.1、高 8.3 厘米（彩版 4-471）。

标本 02NH01T2019：102，釉色偏黄，釉面局部开有纹片，内壁有落渣。内底有五枚扁圆形支钉痕迹，泛白色。口径 26.1、足径 8.7、高 8.1 厘米（彩版 4-472）。

标本 02NH01：2014（24），足沿较宽。釉色偏黄，局部开片，内壁有落渣。内壁刻四组卷草纹，内底心凹弦纹不明显。内底有五枚扁圆形支钉痕迹，足沿有垫烧痕迹。口径 26.0、足径 9.0、高 7.5 厘米（彩版 4-473）。

彩版 4-470　青白瓷大碗 02NH01：2014 (25)

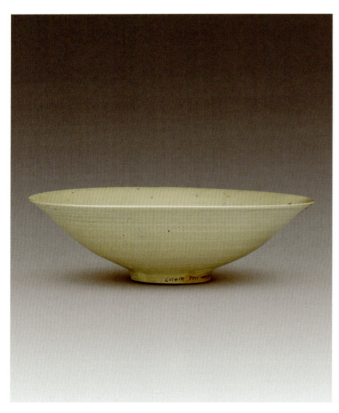

彩版 4-471　青白瓷大碗 02NH01T2020：1122

彩版 4-472　青白瓷碗 02NH01T2019：102

彩版 4-473　青白瓷大碗 02NH01：2014（24）

Aj 型　1 件。

内壁口沿下及内底边缘均浅刻一道凹弦纹，内底凹纹较宽，双线之间腹部无纹饰。

标本 02NH01T2021：64，釉色泛白，釉面光润，内壁有小灰斑。内底有五枚扁条形支钉垫烧痕迹，足沿有叠烧痕。口径 27.3、足径 8.4、高 8.2 厘米（彩版 4-474）。

彩版 4-474　青白瓷大碗 02NH01T2021：64

B 型　25 件。

敞口，平折沿。器形略大。弧腹，较深，下腹部弧收幅度较大，内底微下凹，圈足规整，内墙斜削，外底微凸。根据口沿形态差异，分三亚型。

Ba 型　18 件。

折沿宽平，口部略呈束口状，口下至腹上部弧收，上腹略鼓。内壁刻划花纹，折沿上刻划四组卷草纹，内壁凹痕下刻缠枝或折枝牡丹纹，内底宽凹弦纹内刻一朵折枝莲纹或牡丹纹，花叶、花瓣及内壁均以细篦划纹填饰，纹样繁缛，刻划细腻，线条流畅，技法娴熟。内底心一般有五枚支钉痕迹，外壁有轮制痕迹，下腹多有轮制修整时的跳刀痕迹。

标本 02NH01T2019：624，釉色泛淡青，釉面光润，局部有开片。内壁刻划两朵折枝牡丹纹，内底刻一朵折枝莲纹。内底支钉痕迹呈三角形。外底呈火石红色。口径 32.0、足径 9.6、高 8.4 厘米（图 4-71，1；彩版 4-475）。

标本 02NH01T2019：632，足沿较宽。釉色浅淡，釉面光润，有小灰斑和细碎开片。内壁刻划多朵缠枝牡丹纹，内底一朵刻折枝莲纹。支钉痕迹泛白色，足沿粘有砂粒。口径 31.5、足径 9.8、高 8.2 厘米（图 4-71，2；彩版 4-476）。

标本 02NH01T2019：635，足沿宽窄不均，挖足较浅。釉色泛白。内壁刻划三朵缠枝牡丹纹，内底刻牡丹花纹。口径 31.6、足径 9.6、高 7.2 厘米（图 4-72，1；彩版 4-477）。

标本 02NH01T2019：636，釉色泛淡青色，釉面光润，内壁有落渣和小灰斑。内壁刻划三朵缠枝牡丹纹，内底刻划折枝莲纹。口径 30.3、足径 8.6、高 7.5 厘米（图 4-72，2；彩版 4-478）。

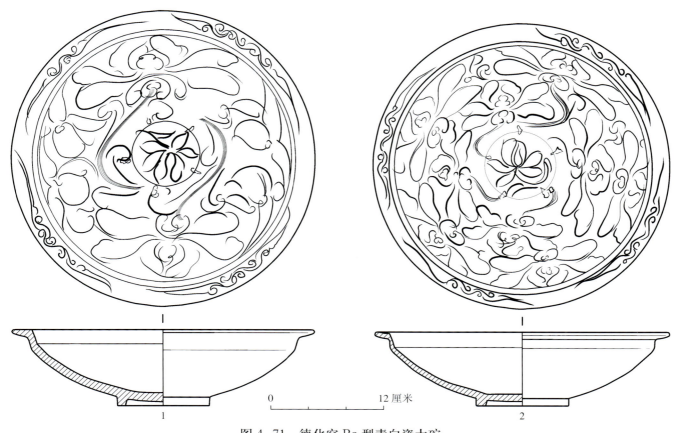

图 4-71　德化窑 Ba 型青白瓷大碗

1. 02NH01T2019：624　2. 02NH01T2019：632

彩版 4-475　青白瓷大碗 02NH01T2019：624

彩版 4-476　青白瓷大碗 02NH01T2019：632

0　　　　　　12 厘米

图 4-72　德化窑 Ba 型青白瓷大碗

1. 02NH01T2019：635　2. 02NH01T2019：636

彩版 4-477 青白瓷大碗 02NH01T2019：635

彩版 4-478 青白瓷大碗 02NH01T2019：636

标本02NH01T2019：623，足沿较窄，内墙斜削。釉色浅淡，釉面光润。内壁刻划缠枝牡丹纹，内底刻划折枝莲纹。内底心有五枚圆形支钉痕迹。口径30.3、足径9.4、高8.1厘米（彩版4-479）。

标本02NH01T2019：626，足沿宽窄不均。釉色浅淡，缩釉较明显。内壁、内底刻划缠枝牡丹纹。内底有五枚三角形支钉痕，下腹近足处有明显跳刀痕迹。口径32.3、足径10.0、高8.4厘米（彩版4-480）。

彩版4-479　青白瓷大碗 02NH01T2019：623

彩版4-480　青白瓷大碗 02NH01T2019：626

标本 02NH01T2019：629，釉色浅淡，釉面光润。内壁刻划三朵缠枝牡丹纹，内底刻划一朵折枝莲纹。内底心有五枚三角形支钉痕迹，足沿泛火石红色。口径 31.5、足径 9.6、高 8.0 厘米（彩版 4-481）。

标本 02NH01T2019：631，釉色浅淡，釉面光润，局部有开片。内壁刻划两朵折枝牡丹纹，内底凹圈内无纹。内底有五枚三角形支钉痕迹。口径 32.2、足径 9.3、高 8.0 厘米（彩版 4-482）。

标本 02NH01T2019：633，釉色偏灰白，局部有开片。内壁刻划三朵缠枝牡丹纹，内底刻划一朵折枝莲纹。内底心有五枚扁圆形支钉痕迹。口径 31.6、足径 9.0、高 8.1 厘米（彩版 4-483）。

标本 02NH01T2019：634，釉色泛淡青，釉面有开片和小灰斑，落有渣粒。内壁刻划三朵缠枝牡丹纹，内底刻划折枝莲纹。口径 32.5、足径 9.3、高 8.1 厘米（彩版 4-484）。

标本 02NH01T2019：641，釉色泛淡青，釉面光润，局部有开片。内壁刻划三朵缠枝牡丹纹，内底刻划一朵折枝莲纹。内底心有五枚扁圆形支钉痕迹，外底呈火石红色。口径 31.1、足径 9.2、高 8.0 厘米（彩版 4-485）。

彩版 4-481　青白瓷大碗 02NH01T2019：629

彩版 4-482　青白瓷大碗 02NH01T2019：631

彩版 4-483　青白瓷大碗 02NH01T2019：633

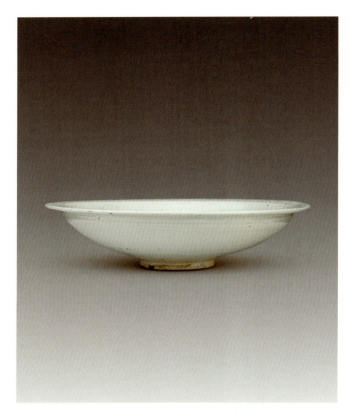

彩版 4-484　青白瓷大碗 02NH01T2019：634

彩版 4-485　青白瓷大碗 02NH01T2019：641

Bb 型 3 件。

折沿较窄，沿平，沿下略显束口，腹上部略显鼓。

标本 02NH01T2019：12，内壁折沿处平滑。釉色泛白，釉面开细碎纹片，部分泛灰黑色。内壁口沿下双凹弦纹间戳印一周连珠纹（圆圈），其下刻两缠枝牡丹纹，腹壁浅划数道分布疏朗的短"之"字形篦划纹；底心边缘有一圈凹弦纹，凹圈内篦划两组"之"字纹，线条流畅，纹样清晰，布局繁密。内底有五枚扁圆形支钉痕迹，支钉以白色瓷土为之。器物烧造变形，足沿粘有砂粒，并泛火石红。外底心有单字墨书题记"□"，字迹清晰。口有残。口径 30.4、足径 9.2、高 9.2 厘米（图4-73，1；彩版 4-486）。

标本 02NH01T2020：1114，釉色浅淡，泛灰，釉面光润。内底心有小凹圈。内壁口沿下有一周凹弦纹，其下刻三组卷云纹，腹壁浅划数道分布疏朗而不均的篦划纹，线条流畅，刻纹较浅。内底有五枚窄长条形支钉痕迹。外壁近底端有窄细跳刀痕迹。外底心有单字墨书"□"，字迹清晰。口径 30.4、足径 9.2、高 9.3 厘米（图4-73，2；彩版 4-487）。

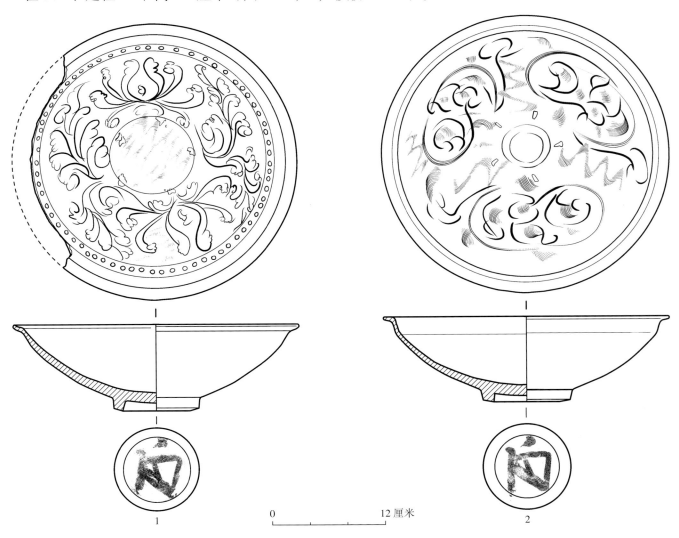

0   12 厘米

图 4-73 德化窑 Bb 型青白瓷大碗

1. 02NH01T2019：12   2. 02NH01T2020：1114

彩版 4-486　青白瓷大碗 02NH01T2019：12

彩版 4-487　青白瓷大碗 02NH01T2020：1114

标本 02NH01T2019：637，足沿较宽，挖足较浅。釉色泛灰白，釉面局部开细碎纹片，纹片处泛灰黑色。内壁口沿下有一周凹弦纹，其下刻两朵折枝莲纹，莲花绽放，腹壁浅划数道分布疏朗的篦划纹，线条流畅，刻纹较浅。内底有五枚三角形支钉痕迹。器物烧造变形，足沿粘有砂粒，并泛火石红。口径 31.5、足径 9.1、高 8.7 厘米（图 4-74；彩版 4-488）。

图 4-74　德化窑 Bb 型青白瓷大碗
（02NH01T2019：637）

彩版 4-488　青白瓷大碗 02NH01T2019：637

Bc 型　4 件。

折沿窄平，口略外侈，口腹衔接平滑。

标本 02NH01T2019：108，器物变形，底心边缘有一圈浅凹弦纹。釉色泛白，局部泛灰，釉面开细碎纹片，部分开片处泛灰黑色。内壁刻三组卷草纹，线条流畅，纹样清晰。内底有五枚三角形支钉痕迹。足沿粘有砂粒，部分泛火石红。口径 29.3、足径 9.4、高 8.8 厘米（图 4-75，1；彩版 4-489）。

标本 02NH01T2020：127，腹较浅，底部平滑，足沿宽。釉色浅淡，内口沿下流釉处较厚，呈淡青色。内壁篦划三组卷云纹，线条简洁流畅，划纹较浅。内底有五枚三角形支钉痕迹，足沿粘有少许砂粒。口径 29.6、足径 9.1、高 7.6 厘米（图 4-75，2；彩版 4-490）。

标本 02NH01T2020：21，口部变形，腹较浅。釉色浅淡，略泛灰，釉面光润。内壁口沿下浅刻一道凹弦纹，腹部篦划四组卷草纹，内底边缘刻一道凹纹，底心篦划一组卷草纹，每组卷草纹

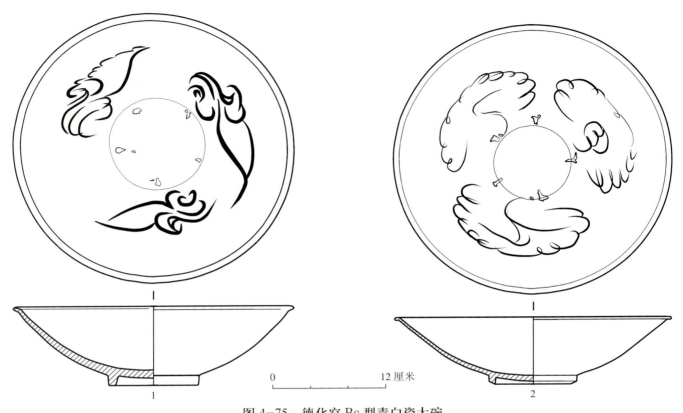

图 4-75　德化窑 Bc 型青白瓷大碗
1. 02NH01T2019：108　　2. 02NH01T2020：127

彩版 4-489　青白瓷大碗 02NH01T2019：108　　　　　　　　　彩版 4-490　青白瓷大碗 02NH01T2020：127

由四条篦划纹组成，线条简洁流畅，划纹较浅。内底有五枚长条形支钉痕迹。口径 28.3、足径 7.9、高 7.1 厘米（彩版 4-491）。

　　标本 02NH01T2020：820，器物变形，腹较浅，足内墙斜削。釉色泛白，釉面光润。内壁口沿下浅刻一道凹纹，腹部篦划四组卷草纹，内底心篦划一组卷草纹，线条简洁流畅，划纹较浅。内底有五枚三角形支钉痕迹，足沿粘有少许砂粒。口径 27.9、足径 8.8、高 7.4 厘米（彩版 4-492）。

彩版 4-491　青白瓷大碗 02NH01T2020：21　　　　彩版 4-492　青白瓷大碗 02NH01T2020：820

C 型　1件。

菱口，折沿。

标本 02NH01T2020：1，敞口，折沿较宽平，口沿处修削成菱口，窄小密集，弧腹，内底微下凹，底心有小凹圈，圈足挖削规整，足沿较宽，足墙内高外低，内墙斜削，外底心微凸。釉色浅淡，釉面光润，内壁落有小渣粒。内壁腹上部刻一道凹弦纹，其下刻两朵折枝牡丹纹，叶脉、花瓣辅以细篦划纹，线条流畅，纹样清晰。内底有五枚长三角形支钉痕迹。外壁轮旋修坯痕迹明显。口径 29.6、足径 9.0、高 7.9 厘米（图 4-76；彩版 4-493）。

彩版 4-493　青白瓷大碗 02NH01T2020：1

图 4-76　德化窑 C 型青白瓷大碗

（02NH01T2020：1）

2. 盖碗

16 件（套），包括带盖碗 13 套、碗 1 件、盖 2 件。

碗直口，口下端微收，深直弧腹，内壁平滑，腹下端弧收，内底略下凹，圈足较高，足沿斜削，内高外低，挖足较深，外墙较直，内墙斜直，底心微凸。碗盖子口，口内敛，盖内有轮修痕，盖沿宽平，沿下有刮修痕，沿上端渐高，盖面由沿内侧向中心逐渐向上隆起，顶面较平，上装管状纽。胎色白，质细密。碗内外、盖面施青白釉，色浅淡，多泛白，釉面光洁莹润；盖内子口沿内施釉，釉层薄。碗口沿及外侧边缘刮釉，芒口，足沿内及外底无釉。盖下端沿及子口外侧无釉，应与相配的碗扣合后同烧。碗外壁口沿下至腹底端、盖面均饰以斜向交叉的篦划纹，满布器表，划痕较浅。外底心一般有墨书题记"□"，字迹清晰。

标本 02NH01T2019：247，碗、盖成套。碗底略下凹，外底心有小脐突。盖顶心略下凹，纽略偏。碗外壁口沿下刻一道凹弦纹，腹部、盖面饰以斜向交叉的篦划纹。外底墨书书写位置偏于一侧。碗口径 12.5、足径 5.9、高 8.5 厘米，盖口径 10.6、沿径 13.3、高 4.1 厘米，通高 11.8 厘米（图 4-77，1；彩版 4-494）。

标本 02NH01T2019：260，碗、盖成套。釉色淡青，釉面有灰褐色小斑点。碗口径 12.1、足径 5.9、高 7.7 厘米，盖口径 10.4、沿径 13.1、高 4 厘米，通高 10.9 厘米（图 4-77，2；彩版 4-495）。

标本 02NH01T2019：248，碗、盖成套。圈足内墙斜，盖顶心微下凹。碗外壁口沿下刻一道凹弦纹，

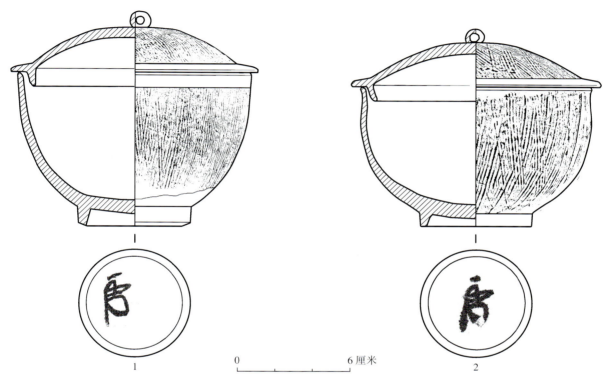

0　　　　　　　6 厘米

图 4-77　德化窑青白瓷盖碗

1. 02NH01T2019：247　2. 02NH01T2019：260

彩版 4-494　青白瓷盖碗 02NH01T2019：247

彩版 4-495　青白瓷盖碗 02NH01T2019：260

彩版 4-496　青白瓷盖碗 02NH01T2019：248

腹部、盖面饰以斜向交叉的篦划纹。碗口径 12.1、足径 6、高 8.3 厘米，盖口径 10.7、沿径 13.5、高 4.1 厘米，通高 11.6 厘米（彩版 4-496）。

标本 02NH01T2019：249，碗、盖成套。碗底下凹，底心微凸；盖顶心略下凹。釉面开细碎纹片，纹片处部分泛灰黑色。碗口径 12.6、足径 6.2、高 8.3 厘米，盖口径 10.6、沿径 13.1、高 4.1 厘米，通高 11.6 厘米（彩版 4-497）。

标本 02NH01T2019：256，碗、盖成套。圈足内墙斜，足沿斜削。釉色浅淡，釉面光润，内壁口沿处有大片黑沁，有小灰斑。碗口径 12.3、足径 6.1、高 8.1 厘米，盖口径 10.2、沿径 13.2、高 4.3 厘米，通高 11.4 厘米（彩版 4-498）。

标本 02NH01T2019：255，碗、盖成套，碗底下凹，底心有小突；盖顶心略下凹。碗釉面开细碎纹片，开片处沁蚀成灰黑色。碗口径 12.2、足径 6.1、高 8.2 厘米，盖口径 10.2、沿径 12.9、高 4 厘米，通高 11.4 厘米（彩版 4-499）。

标本 02NH01T2019：259，碗、盖成套。内底较平，足沿较窄，外底微凸。釉色泛淡青，釉面光润，有小灰斑，缩釉明显。口径 12.4、足径 6.1、高 8.3、盖口径 10.4、沿径 13.4 厘米，通高 11.2 厘米（彩版 4-500）。

彩版 4-497　青白瓷盖碗 02NH01T2019：249

彩版 4-498 青白瓷盖碗 02NH01T2019：256

彩版 4-499 青白瓷盖碗 02NH01T2019：255

彩版 4-500　青白瓷盖碗 02NH01T2019：259

3. 盏

8 件。

敞口，弧腹，圈足。胎色白，质细腻。内外均施青白釉，足沿及外底无釉，釉面光洁莹润。根据器物形制和装饰纹样的差异，分两型。

A 型　6 件。

菊瓣纹印花盏。菊瓣花口，口至身内外均为菊瓣样式，圈足略高，略外撇，足墙稍斜，斜向内挖，外底平，底心微凸。盏身模印菊瓣纹，内壁瓣纹较突出，内心多印一朵折枝莲纹。部分器物外底有墨书题记。

标本 02NH01T2019：500，足沿修削圆滑。釉色泛黄，釉面开片较明显，有黑沁。外底近足墙处有墨书题记"囗"。口径 10.4、足径 3.8、高 4.2 厘米（图 4-78，1；彩版 4-501）。

标本 02NH01T2020：85，釉色泛黄，釉面开片。口径 10.6、足径 3.9、高 4.1 厘米（图 4-78，2；

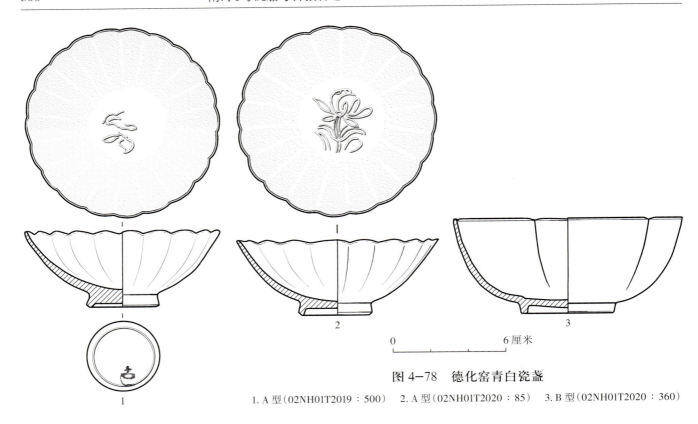

0　　　　　　　　6 厘米

图 4-78　德化窑青白瓷盏

1. A 型（02NH01T2019：500）　　2. A 型（02NH01T2020：85）　　3. B 型（02NH01T2020：360）

彩版 4-501　青白瓷盏 02NH01T2019：500

彩版 4-502）。

标本 02NH01T2019：497，釉色泛黄，釉面开片。口径 10.7、足径 3.9、高 4.1 厘米（彩版 4-503）。

标本 02NH01T2019：498，足沿斜削，外底心有突。釉色泛黄，局部泛灰，釉面开片。口径 10.8、足径 3.9、高 4.2 厘米（彩版 4-504）。

彩版 4-502　青白瓷盏 02NH01T2020：85

彩版 4-503　青白瓷盏 02NH01T2019：497

彩版 4-504　　青白瓷盏 02NH01T2019：498

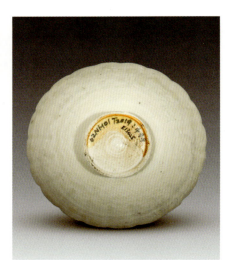

彩版 4-505　　青白瓷盏 02NH01T2019：499

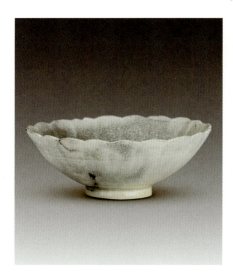

彩版 4-506　　青白瓷盏 02NH01T2021：11

标本 02NH01T2019：499，挖足较浅，外底心微凸。釉色泛黄，局部泛灰，釉面开片。口径 10.7、足径 3.9、高 4.3 厘米（彩版 4-505）。

标本 02NH01T2021：11，釉色泛灰，釉面受大面积沁蚀，呈灰褐色，开细密纹片。口径 11.1、足径 4.0、高 4.2 厘米（彩版 4-506）。

B 型　2 件。

六瓣葵口盏。六瓣葵口，葵口缺口在外侧凹线处刮削而成。口略直，腹较深，内底边缘下凹，底较平，圈足规整，足沿较宽，两侧圆滑。盏模制而成，腹呈六瓣瓜棱状，瓜棱处外壁内凹、内壁凸，棱线较浅。胎色白，质细密。釉色白，口沿及内外两侧边缘刮釉，芒口。釉层较薄，釉面莹润。

标本 02NH01T2020：361，器物底腹处变形严重，向下塌。口径 12.0、足径 4.9、高 5.6 厘米（彩版 4-507）。

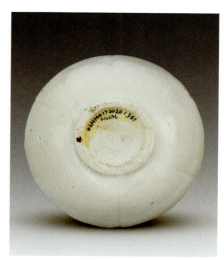

彩版 4-507　青白瓷盏 02NH01T2020：361

标本 02NH01T2020：360，内底心微下凹，外底心微隆。口径 12.1、足径 4.8、高 5.2 厘米（图 4-78，3；彩版 4-508）。

4. 盘

24 件。

花口，敞口，折沿宽平，腹略折，上腹略斜收，内壁较直，下腹内收幅度大，腹较浅，内底较平阔，底心下凹，矮圈足，足墙较窄，外墙略内收，挖足一般较浅，外底较平。胎色白，质细密，较景德镇窑盘略显粗厚。青白釉泛白，略泛黄，釉面光洁莹润。宽平沿、腹内壁均模

彩版 4-508　青白瓷盏 02NH01T2020：360

印而成，沿上印花草纹并压印花边，印纹较清晰；腹壁与花口一致，呈花瓣状，瓣纹较深；内底心凹弦纹内刻折枝莲纹或凸弦纹内印莲纹，刻纹较细，线条流畅。根据口沿和腹部形态的差异，分两型。

A 型　19 件。

葵口，花瓣较窄。口、腹均作葵花状，平折沿内外及腹部多为二十或二十一瓣，少数则为十九瓣，瓣纹较窄，折沿边缘上端微凸，圆唇，外底较平。内外施釉，足沿及外底无釉。

标本 02NH01T2019：219，口、腹为二十一瓣。足沿窄，挖足较浅，仅在边缘浅削一道。釉色泛黄，釉面光亮。内底心双凹弦纹内刻一朵折枝莲纹。口径 15.8、足径 5.2、高 2.7 厘米（图 4-79，1；彩版 4-509）。

标本 02NH01T2019：479，口、腹为十九瓣。足沿窄，足墙斜向内削，挖足较浅。釉色泛白，釉面有细密开片。内底心双凸弦纹内印并蒂莲纹。口径 16.0、足径 5.7、高 2.5 厘米（图 4-79，2；彩版 4-510）。

标本 02NH01T2019：480，口、腹为十九瓣。腹部变形。釉色泛白，釉面莹润，有细密开片，局部因沁蚀泛灰黑色。内底心双凹弦纹内刻两朵折枝莲纹。口径 16.6、足径 5.7、高 2.4 厘米（图 4-80，1；彩版 4-511）。

标本 02NH01T2019：483，口、腹为十九瓣。腹较深，足沿较平，内墙斜向内削，外底心微凸。釉色泛白，釉面莹润，开细碎纹片。内底心双凹弦纹内刻一朵折枝莲纹。口径 15.8、足径 5.0、高 3.0 厘米（图 4-80，2；彩版 4-512）。

0　　　　　　6 厘米

图 4-79　德化窑 A 型青白瓷盘

1. 02NH01T2019：219　2. 02NH01T2019：479

彩版 4-509　青白瓷盘 02NH01T2019：219

彩版 4-510　青白瓷盘 02NH01T2019：479

　　标本 02NH01T2019：472，口、腹为二十瓣。足沿较平，内墙斜削，挖足较浅，外底心微弧。釉色泛淡青，釉面光润，盘心有开片。内底心双凹弦纹内刻一朵折枝莲纹。口径 16.0、足径 5.0、高 2.5厘米（彩版 4-513）。

　　标本 02NH01T2019：473，口、腹为二十一瓣。足沿较窄，内墙斜削，挖足较浅，外底微凹。釉色泛白，釉面莹润。内底心双凹弦纹内刻一朵折枝莲纹。口径 16.0、足径 5.1、高 2.6 厘米（彩版 4-514）。

0　　　　　　　6厘米

图 4-80　德化窑 A 型青白瓷盘

1. 02NH01T2019：480　2. 02NH01T2019：483

彩版 4-511　青白瓷盘 02NH01T2019：480

彩版 4-512　青白瓷盘 02NH01T2019：483

彩版 4-513　青白瓷盘 02NH01T2019：472

彩版 4-514　青白瓷盘 02NH01T2019：473

标本 02NH01T2019：474，口、腹为二十瓣。腹较浅，足沿稍宽，内墙斜削，挖足较深。釉色泛黄，釉面莹润。内底心双凹弦纹内刻一朵折枝莲纹。口径 16.1、足径 5.3、高 2.5 厘米（彩版 4-515）。

标本 02NH01T2019：475，口、腹为二十一瓣。口沿边缘突起较明显，圈足较矮，足内墙斜削，挖足较浅。外腹底端有明显修坯而成的突起。釉色泛白，釉面莹润，有细密开片，局部因沁蚀而呈灰褐色。内底心双凹弦纹内刻一朵折枝莲纹。口径 16.1、足径 5.4、高 3.0 厘米（彩版 4-516）。

标本 02NH01T2019：476，口、腹为二十瓣。足沿平，内墙斜削，挖足较浅。釉色泛白，釉面布满细密开片，部分开片处因沁蚀呈灰黑色。内心刻一朵折枝莲纹。盘面有污迹，粘连有少量凝结物。口径 16.0、足径 5.3、高 3.0 厘米（彩版 4-517）。

标本 02NH01T2019：477，口、腹为二十一瓣。足墙稍斜，斜向内削，挖足较浅。釉色泛白，釉面有细密开片，局部泛灰黑色。内底心双凹弦纹内刻一朵折枝莲纹。口径 16.1、足径 5.8、高 3.2 厘米（彩版 4-518）。

彩版 4-515　青白瓷盘 02NH01T2019：474

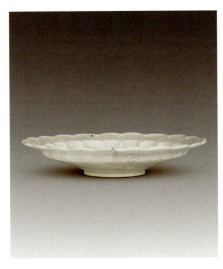

彩版 4-516　青白瓷盘 02NH01T2019：475

彩版 4-517　青白瓷盘 02NH01T2019：476

彩版 4-518　青白瓷盘 02NH01T2019：477

标本 02NH01T2019：481，口、腹为二十瓣。足墙稍斜，斜向内削，挖足较浅。釉色泛白，釉面莹润，有细密开片，局部因沁蚀呈灰黑色。内底心双凹弦纹内刻一朵折枝莲纹。盘面有污迹。口径 16.1、足径 5.4、高 2.7 厘米（彩版 4-519）。

标本 02NH01T2019：484，口、腹为十九瓣。腹较浅，足沿较平，内墙斜削，挖足较浅，底心微凹。釉色泛白，釉面光润，

彩版 4-519　青白瓷盘 02NH01T2019：481

有细密开片。内底心双凸弦纹内印有并蒂莲纹。口径 16.3、足径 5.7、高 2.5 厘米（彩版 4-520）。

标本 02NH01T2019：485，口、腹为二十瓣。腹较浅，足沿窄，内墙斜削，挖足较浅。釉面光亮。内底心双凹弦纹内刻一朵折枝莲纹。足部有污迹。口径 16.1、足径 5.0、高 2.6 厘米（彩版 4-521）。

标本 02NH01T2020：634，口、腹为二十瓣。足沿较平，内墙斜削，挖足较浅。釉色泛白，釉面莹润，有细密开片。内底心双凹弦纹内刻一朵折枝莲纹。口径 15.4、足径 5.0、高 2.8 厘米（图

彩版 4-520　青白瓷盘 02NH01T2019：484

彩版 4-521　青白瓷盘 02NH01T2019：485

彩版 4-522　青白瓷盘 02NH01T2020：634

图 4-81　德化窑 A 型青白瓷盘
（02NH01T2020：634）

彩版 4-523　青白瓷盘 02NH01T2020：635

4-81；彩版 4-522）。

标本 02NH01T2020：635，口、腹为二十瓣。足沿窄，内墙斜削，挖足较浅。胎体略厚。釉色泛黄，釉面莹润，有细密开片。内底心双凹弦纹内刻一朵折枝莲纹。口径 16.2、足径 5.4、高 2.9 厘米（彩版 4-523）。

B 型　5 件。

宽葵口，口、腹呈七瓣葵花状。葵口中部向内弯曲，葵瓣之间棱线分明。宽平沿，微上翘，口部边缘上端突起，圆唇，沿下浅腹，下腹折收，下端修坯刮削出一道凸棱，内底平阔。宽沿印花草纹，纹样清晰。盘内刻花随盘形而成团花状纹，七花瓣环绕盘心，瓣纹饰以细线篦划纹，底心双凹弦纹内刻莲纹，刻纹浅细。花纹随形而饰，布局合理，细腻流畅。根据口沿、底足施釉情况，分两亚型。

Ba 型　1 件。

口沿施釉，足沿及外底无釉。

标本 02NH01T2019：489，挖足较浅，外底较平，底心有小凸。胎稍厚。釉色微泛黄，釉面莹润，有小灰褐斑。团花中心刻划一朵莲纹。口径 18.0、足径 5.6、高 2.8 厘米（图 4-82，1；彩版 4-524）。

Bb 型　4 件。

芒口，口沿处刮釉，底、足施釉。口沿处突起明显，足墙稍斜，外底微凸。内底心双凹弦纹

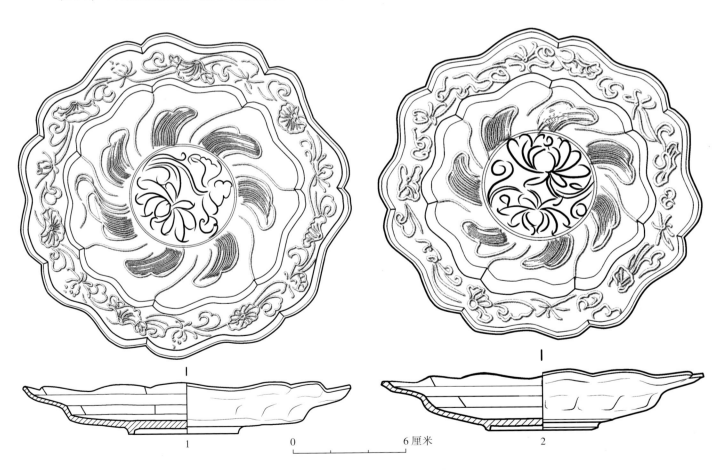

图 4-82　德化窑 B 型青白瓷盘

1. Ba 型（02NH01T2019：489）　　2. Bb 型（02NH01T2019：488）

彩版 4-524　青白瓷盘 02NH01T2019：489

彩版 4-525　青白瓷盘 02NH01T2019：488

内刻两朵折枝莲纹。器身多受海底淤积物沁蚀严重，有污迹。

标本 02NH01T2019：488，胎质略疏松。釉色泛淡青，色不匀，釉面布满细密开片，有部分黑沁。口径 17.1、足径 5.9、高 3.3 厘米（图 4-82，2；彩版 4-525）。

标本 02NH01T2019：486，胎质略疏松。釉色泛淡青，色不匀，釉面布满细密开片，有部分黑沁。口径 17.2、足径 5.9、高 2.6 厘米（彩版 4-526）。

标本 02NH01T2019：487，胎质略疏松。釉色泛白，釉面布满细密开片，有部分黑沁。口径 16.8、足径 5.9、高 2.8 厘米（彩版 4-527）。

标本 02NH01T2019：236，釉色泛黄，局部泛褐，釉面布满细密开片，有红褐色沁。口径 17、足径 5.6、高 3.0 厘米（彩版 4-528）。

彩版 4-526　青白瓷盘 02NH01T2019：486

彩版 4-527　青白瓷盘 02NH01T2019：487

彩版 4-528　青白瓷盘 02NH01T2019：236